本书受到云南省哲学社会科学学术著作出版专项经费资助

WOGUO DANGAN
ZIRAN ZAIHAI FANGZHI JIZHI YANJIU

我国档案
自然灾害防治机制研究

胡红霞◎著

目　录

前　言

在人类发展的历史长河中，自然灾害（如洪水、地震、海啸等）从未停止过对档案的影响和破坏：1966 年，意大利国家中心图书馆中的 200 万卷文件资料被佛罗伦萨的洪水冲毁；1976 年，唐山大地震摧毁了几乎所有的城市设施，这其中的市档案馆也难逃厄运；2002 年，波兰、捷克和德国的档案馆在洪水中损失巨大；2004 年，印度洋海啸给印度尼西亚受灾地区的各类档案和文件保管机构带来了几近致命的打击，仅班达亚齐省档案馆就失去了其 80%的照片档案；2005 年，美国卡特里娜飓风使密西西比州的 Waveland 市仅留下 50 卷 2005 年以前的档案，使 Pass Christian 市仅存 60 卷 2005 年以前的档案；2011 年，日本东海岸发生 9 级大地震并引发海啸，包括现用、非现用在内的公文书受灾非常严重，有些地区甚至连行政官署都被冲走了，以致无法确认受灾公文书的总数。近年来，全球气候变化、生态环境恶化更是导致自然灾害频繁发生并且破坏力加大，档案遭受毁灭性破坏事件屡有发生。在这种情况之下，自然灾害应急管理逐步引起了各国档案部门和相关国际组织的高度关注。档案部门纷纷制订管理计划以应对自然灾害，联合国教科文组织、国际蓝盾委员会、国际档案理事会、国际图联等相关国际组织也积极采取了各种应对措施：1992 年联合国教科文组织启动了“世界记忆工程”项目，1996 年国际蓝盾委员会成立以来就致力于保护世界文化财富免受自然灾害的威胁，1997 年国际档案理事会出版了《档案馆防灾减灾指南》，2006 年国际图联出版了《国际图联灾害预防手册》。伴随着各种自然灾害的不断发生，档案界的自然灾害应急管理问题已逐步从一个学术研究课题转变成现实问题和具体实践，受到相关部门的高度重视。

我国由于地域辽阔、地理条件复杂、气候变化多样，加上人类对大自然的大肆掠夺，使得洪水、飓风、地震、滑坡、泥石流等自然灾害频发，给国家经济发展和社会安全造成重大影响和危害。近 50 年来，洪水、火灾、地震等自然灾害每年造成的直接经济损失巨大，约占国民生产总值（GNP）的 4%。在这样的形势背景下，防灾减灾工作引起了国家档案局的高度重视。1997 年，国家档案局开展了包括水灾、火灾、地震、泥石流、台风等自然灾害应对的课题研究，其研究成果为我国档案界开展自然灾害防治工作提供了有力的智力支持和技术保障。2008 年 5 月 12 日，汶川发生 8.0 级大地震，这是新中国成立以来波及范围最大、破坏性也最强的一次地震，给我国人民的生命财产带来了巨大伤害，对档案事业造成重创：全省 203 个档案馆中有 118 个受损，受损馆库占到总数的 58%；共 600 余万卷档案处于危房或危险之中，而记录羌族历史文化的 8.5 万卷档案全部被埋，其中，完整记录羌族 1700 多年发展史的 500 多页的“孤本”档案《石泉县志》至今未被挖掘出来；档案保管保护设备损毁 5511 台，累计损失金额 9964.1 万元。① 地震发生后，国家档案局迅速响应，向上汇报灾情，争取国家财政和政策支持，向下全方位提供应急抢救指导，制订了《国家档案局关于抗震救灾中档案抢救保护工作的指导意见》，统筹安排各省市档案局对口援建灾区档案工作，派出全国档案保护顶级专家组赴灾区抢救受损档案。这一系列工作在最大程度上抢救保护了受灾档案，减少了灾害损失。2009 年，为了总结汶川地震应对的经验教训，提高档案部门的防灾意识和灾备能力，国家档案局开始着手组

① 胡金玉：《汶川地震中受灾档案的保护与抢救及其启示》，《2011 年海峡两岸档案暨缩微学术交流会论文集》2011 年版，第 34 页。

织编制《档案馆防治灾害工作指南》，以作为全国各级各类档案部门预防自然灾害、提高灾备能力的重要参考资料。

汶川地震发生两年之后，2010 年 4 月青海省玉树县发生 7.1 级地震，同年 8 月甘肃省舟曲县突发特大泥石流灾害，这两次灾害也都使档案工作遭受重创：玉树县档案馆中，1 人不幸遇难、1 人受伤，灾区有近万卷档案被埋、其余 12 万卷档案处于震后危房之中；舟曲县档案局职工及亲属共 11 人在泥石流中不幸遇难，32 个单位的档案室受到严重损害。[①] 日益频发且破坏力逐渐加大的自然灾害引发了国家档案行政部门对档案安全体系建设工作的高度重视。2010 年 5 月 12 日是汶川地震两周年，也是第二个国家防灾减灾日，这一天，全国首个档案安全体系建设工作会议在四川召开，国家档案局局长杨冬权在会上提出了建立档案安全体系的要求。这一要求的提出体现了档案安全工作在档案工作中地位的上升。至此，覆盖人民群众的档案资源体系、方便人民群众的档案利用体系、确保档案安全保密的档案安全体系“三个体系”建设成为我国档案事业发展指导思想的概括表达。2011 年 1 月，国家档案局、中央档案馆印发的《全国档案事业发展“十二五”规划》中，提出“加强档案安全体系建设，提高档案的容灾及灾备能力，确保档案安全”的主要目标。2016 年 4 月，国家档案局印发的《全国档案事业发展“十三五”规划纲要》中提出“档案安全高效化”的发展目标，即档案安全的基本条件和应急、灾备机制更加完善，人防、物防、技防“三位一体”的安全防范体系更加健全，档案网络和信息系统风险管理能力全面提升。

在档案安全体系建设日益受到档案部门重视的同时，我国档案安全保护工作也日益受到党和国家的重视。1992 年，联合国教科文组织开启了一项国际性的工程——“世界记忆工程”，其目的在于抢救和保护世界范围内正在逐渐老化、损毁、消失的包括手稿、口述档案以及图书馆和档案馆保存

① 杨冬权：《在全国档案安全体系建设工作会议上的讲话》，《档案学研究》2010 年第 3 期，第 4 页。

的珍贵文件在内的文献遗产，从而使人类的记忆更加完整。在“世界记忆工程”的推动和帮助下，国家档案局于2000年正式启动了“中国档案文献遗产工程”。随着工程的开展，档案文献遗产保护工作日益受到党和国家的重视。2007年3月5日，国务院总理温家宝在政府工作报告中指出：“应搞好文化遗产、自然遗产和档案保护。”2008年汶川地震后，国务院印发《汶川地震灾后恢复重建总体规划》，甘肃、陕西、四川三省灾区共56个档案馆被列入由国家投资的公共文化设施灾后恢复重建项目，获得馆库建设的政策保障和配套资金。2010年10月，国家发改委与国家档案局共同组织实施了覆盖我国中西部地区25个省/市/自治区、共2066个县级综合档案馆的《中西部地区县级综合档案馆建设项目规划》，以解决中西部地区县级综合档案馆馆库面积不达标、档案保管保护利用条件落后的问题，切实提高县级档案馆库防灾抗灾的能力，保障国家档案文化资源的安全。至2014年底，国家发改委共投资37亿元，使中西部地区897个县级综合档案馆得到了新建；“十二五”期间，全国共新建11个副省级以上档案馆、1002个中西部地区县级综合档案馆，使档案馆库条件得到极大改善，也大大提高了档案馆抵御自然灾害的能力。2014年5月，中共中央办公厅、国务院办公厅印发《关于加强和改进新形势下档案工作的意见》（中办发〔2014〕15号），明确提出“建立健全人防、物防、技防三位一体的档案安全防范体系”的要求，成为我国新时期档案工作的纲领性指导文献。

虽然档案安全工作日益受到各方面的重视，但目前建成并投入使用的新馆毕竟为少数，多数综合档案馆仍在主要建于上世纪80年代的旧馆中办工，其档案保管保护条件令人担忧。尤其在西南地区，由于经济欠发达和历史欠账，许多建设于上世纪80年代的县级综合档案馆的建设标准过低，绝大多数档案馆按照普通办公楼设计建设，没有考虑到档案馆的专业需要，在选址、馆舍规划、建筑结构方面均不合理，不符合《档案馆建筑设计规范》和《档案馆建设标准》的要求。库房载重能力低，无抗震设防设施；由于受自然灾害特别是地震灾害影响，绝大多数县级综合档案馆出现不同程度的损坏，存在地基下沉、柱子沉降、墙体移位和结构性裂缝、屋顶渗水、库房不密封、不防潮、不隔热等现象，经各县建设局房屋安全鉴定办公室和地震局鉴定，多数馆舍的抗震性能未达到重要工程抗震设防技术指标，多数库房已成危房。这些安全隐患严重的县级综合档案馆无力抵御频繁发生的重大自然灾害的侵袭，档案部门因而遭受了重大损失。档案的原始记录特性决定了其是不可再生资源，一旦被毁，即可能造成历史空白，因此，档案是容不得遭到任何灾害破坏的。可见，在当前人类生存环境日趋恶化、自然灾害频发、档案安全形势不容乐观的背景下，开展档案自然灾害防治研究，是最大限度减少灾害损失、保护档案文献遗产、构建档案安全体系的有效之举。

经研读发现，目前国外关于档案自然灾害防治的研究有两个特点：一是多以专业保护组织为主体、以应急方案和指南为主要类型；二是通常把档案、图书、文物作为一个整体对象，制订防灾抗灾计划或构建研究体系。而国内关于档案自然灾害的研究成果多散见于档案类学术期刊和课题研究报告，并呈现出两个比较明显的特点：第一个特点是切入点单一，缺乏系统性、整体性和互动性。主要表现在：首先，已有研究多从某种具体的自然灾害入手，如地震、水灾、火灾等，分析其对档案造成的损失并提出应对策略，其中以对地震灾害的研究居首。这缘于 2008 年汶川大地震的发生，它是档案界关于自然灾害与档案保护研究的转折点，地震震惊了世界，也震醒了档案界对自然灾害中档案保护的研究，自此，相关研究如雨后春笋般不断见诸各种学术刊物；其次，已有研究多从灾害发生前的预防或发生后的抢救等单个环节着眼，研究档案应急预案构建、档案异地备份中心建设、档案馆建筑安全设计、灾后档案的抢救与修复等，其研究视角呈现分散单一的特点，缺乏系统性、整体性以及互动性。由于自然灾害具有普遍性、多发性和严重的危害性，对档案自然灾害的应对不应仅仅着眼于某一种灾害或某一个环节，而应该把其作为一个复杂的过程，进行综合系统地研究。第二个特点是多从档案系统的单一角度出发，研究档案保管部门（主要为档案馆）应对自然灾害应采取的行动措施。通过文献检索，笔者发现相关研究的作者大部分是来自各个档案局、档案馆第一线的实践工作者。他们多立足于档案局或档案馆的角度，把档案系统作为应对自然灾害的主体进行研究。事实上，在现代社会，由于自然灾害的危害性、不确定性和紧迫性，在其到来之时，如果只靠档案行政部门或业务部门自身的力量，实行单一的治理机制，必然会产生诸多的问题。解决以上已有研究中存在的不足是本研究的努力方向。

本研究基于全国档案事业发展“十二五”“十三五”规划中提出的“加强档案安全体系建设”“档案安全高效化”的宏观背景以及当前人类生存环境日趋恶化、自然灾害频发、档案安全形势不容乐观的社会现实，在对我国档案自然灾害防治中存在的问题进行调查并对发达国家档案自然灾害防治经验进行总结分析的基础上，探索和总结我国档案自然灾害防治的总体思路，并按预防和预警、应急和抢救的逻辑思路系统构建我国档案自然灾害的防治机制。

本书内容包括六章：第一章，档案自然灾害概述。界定档案自然灾害的概念，划分档案自然灾害的种类并分析其危害，分析档案自然灾害的成因、特点及其对防治工作的要求。第二章，我国档案自然灾害防治存在的问题。通过制作问卷，对全国50余个县市级档案局（馆）的自然灾害防治情况进行调查研究，分析总结我国档案自然灾害防治工作中存在的问题。第三章，发达国家档案自然灾害防治及其启示。通过总结借鉴美国、日本等发达国家的档案自然灾害防治经验，以完善我国档案自然灾害防治体系，提高档案自然灾害防治能力，最大限度减少灾害损失。第四章，我国档案自然灾害防治的总体思路。内容包括我国档案自然灾害防治的指导思想、基本原则、主要内容、组织体系及法规建设等。第五章，档案自然灾害预防与预警。预防主要是在灾害未发生时和灾害发生前所做的预防工作，采用一切可以利用的手段来防止或减少自然灾害对档案的损害，是档案自然灾害防治的基础性工作；预警是指档案机构依托各种信息技术平台监测即将发生的自然灾害信息，对这些信息进行收集、分析和评估，并通过各种信息渠道及时对特定的目标人群发布警示信息，从而把自然灾害可能给档案部门造成的损失降至最低。预防和预警作为档案自然灾害“防”的阶段，属于档案灾害管理工作中的前端控制部分，其主要任务在于对自然灾害进行防范，其主要功能是防止或延迟灾害的发生，减少档案在自然灾害发生时所造成的损失，保障档案安全。第六章，档案自然灾害应急与受灾档案抢救。应急是在自然灾害发生后档案部门作出响应的处理过程，以阻止灾害对档案的进一步破坏并使损失降至最低；受灾档案抢救是灾害发生后对受损档案进行抢救和修复的工作。应急和抢救作为档案自然灾害“治”的阶段，属于自然灾害发生后相关部门采取的行动措施，其主要目标在于最大限度减少自然灾害带来的破坏和影响，保护档案安全。

本书有以下几个特点：一是从防治的角度研究档案自然灾害，同时探索档案自然灾害防治组织体系及法制体系的构建，跳出了传统的偏重于技术研究的档案保护领域。二是突出全面性、系统性和互动性。首先，综合考虑档案自然灾害具有普遍性、多发性和严重的危害性等特点，把档案自然灾害作为一个复杂的生命周期，从预防、预警、应急、抢救等逻辑环节出发，把预防与预警作为“防”的阶段，把应急与抢救作为“治”的阶段，从“防”和“治”两个方面对档案自然灾害进行系统综合地研究；其次，把档案自然灾害防治当作是一个相互统一、相互支撑的系统过程，强调预防与预警、应急与抢救两个环节之间以及各环节中的内在联系，构建横向互动、反应灵敏、高效运转的档案自然灾害防治机制；最后，跳出传统的档案自然灾害单一治理模式，强调档案自然灾害应对中的主体多元、互助合作，构建以“以政府部门为主导、以档案部门为主体、协调相关部门应急合作、动员全社会参与救援”为特征的档案自然灾害防治模式。

本研究存在以下局限和有待深入研究之处：首先，由于人力条件所限，对全国各地档案局（馆）的自然灾害防治情况的调研主要偏重于西南地区的县级档案馆，另外只对吉林、甘肃、浙江、江西、广东等省的市、县级档案局（馆）进行了调研。由于调研面不宽，可能使得研究中定量分析所得的数据资料不够充足。其次，本书以所有的档案自然灾害为整体研究对象，但是没有办法具体到每一类档案自然灾害，因此具体的防治措施仍然需要在区别对待的基础上进行深入研究。再次，本书提出的档案自然灾害防治模式尚有待于在实践过程中加以检验，并且各部分的拓展和细化仍然有深入研究的可能。最后，由于外文资料收集渠道的限制，本书重点对美国、日本两个国家的档案自然灾害防治情况进行了分析总结，对其他国家的相关情况分析涉及较少；并且对于各国档案自然灾害防治的特色研究方面欠深入，有待于将来的进一步深入研究。除此之外，由于作者水平有限，内功尚浅，所以其中定有其他不足，恳请读者批评指正，不胜感激。

在研究和写作的过程中，我们查阅并借鉴了一些文件资料和学术作品，在此谨向这些作者表示感谢。特别需要指出的是，云南大学的陈子丹老师、罗茂斌老师、华林老师、郑文老师为本书的写作提供了大量指导和帮助，山东省档案局的孙洪鲁老师、江西省档案馆的熊忠党老师及武汉大学档案馆的李虹老师提供了诸多相关资料，在此向他们表示诚挚谢意。

第一章　档案自然灾害概述

一、档案自然灾害的含义

（一）灾害

《现代汉语词典》对"灾害"的解释是：自然现象和人类行为对人和动植物以及生存环境造成的一定规模的祸害，如旱、涝、虫、雹、地震、海啸、火山爆发、战争、瘟疫等。①

《辞海》中没有对"灾害"的定义，其对"灾"的界定为："灾"原为"災"、"烖"等，指"自然发生的火灾"。②"災"简化成"灾"之后，仍然保留了"火"的部分，说明"灾"源于"天火"，即与自然火灾有关。但小篆中的"災"字，上半部分还与"水"有关，说明了"水"也是灾害的组成部分。"害"指的是"伤害"、"祸患"。"灾"和"害"合并在一起，指与火和水有关的自然灾害。

---

① 中国社会科学院语言研究所词典编辑室编：《现代汉语词典》，商务印书馆 2006 年版，第 1693 页。

② 《辞海》，上海辞书出版社 1979 年版，第 2309 页。

在西方，与“灾害”相对应使用最多的英文单词是“disaster”。此外还有 calamity、hazard、risk、catastrophe、mass emergency 等，也会被交替使用。Disaster 在《韦伯斯特在线词典》中的定义为“an unfavorable aspect of a planet or star”。这个定义是过去常使用的，说明早期的灾害反映出一种源于星星或者星球的消极结果。后来，灾害被更多地运用于自然发生的地壳运动和动乱，如地震和洪水，或者传统上称之为的“上帝的行动”。① 由此可知，西方社会中的灾害源头与星球有关，后来才转到地壳运动或者人类无能为力的自然事件。

从上述中西方的词源对比中可以看出，东方的灾害源头与火和水有关，而西方的灾害源头与星球有关。演变到今天，灾害的种类繁多、意义复杂，包含了火山、火灾、地震、泥石流、洪水、暴雨、飓风、海啸、冰雹、雪灾、冰灾、干旱、灾荒、虫灾、流行病、瘟疫、非典、甲型 H1N1 流感、艾滋病、霍乱、飞机失事、酸雨、石油泄漏、核武器、毒气泄漏、水体污染、瓦斯爆炸、战争、暴乱、恐怖活动、社会动荡等。人们将所有能够给人类带来人员伤亡和财产损失的致灾事件，不管它们是自然发生的还是人为创造的都归属于灾害，由此引发了对于灾害定义的思考和争论。并且，不同学科背景、不同地区归属的人们都对灾害的定义提出了自己的看法，例如，社会学家认为灾害是社会发展的结果，经济学家认为灾害的本质问题是经济损失，人类学家则认为灾害的核心是对灾害进行文化构建，而历史学家认为灾害是一部人类与灾害相抗争的历史，等等。应该说，灾害的定义，从早期的常常被认为是“上帝的行动”或者“没有人能够为此负责的事件”，发展到以社会和文化为核心构建灾害理论，这是灾害定义发展的总体趋势②。

---

① E.L.Quarantelli：《What Should We Study? Questions and Suggestions for Researchers about the Concept of Disasters》, International Journal of Mass Emergencies and Disasters, 1987 (3).

② 李永祥：《什么是灾害？——灾害的人类学研究核心概念辨析》，《西南民族大学学报（人文社会科学版）》，2011 年第 11 期，第 13 页。

（二）自然灾害

《现代汉语词典》对“自然灾害”的解释是：水、旱、病、虫、鸟、兽、风、雹、霜冻等自然现象造成的灾害[①]。

在线《辞海》把“自然灾害”界定为：自然过程超过了人们通常可以适应或接受的强度而造成生命财产和心理损失的现象。

维基百科中对自然灾害的表述为：自然灾害，也称为天灾，指自然界中所发生的异常现象，这种异常现象给周围的生物造成悲剧性的后果，相对于人类社会而言即构成灾难。世界气象组织表示，“所有的天灾有百分之九十跟天气、水和气候事件有关”。

与“自然灾害”相对应使用最多的英文单词为“natural disaster”。韦氏字典 Webster's New Millennium 对“natural disaster”的解释为：any event or force of nature that has catastrophic consequences，such as avalanche，earthquake，flood，forest fire，hurricane，lightning，tornado，tsunami，and volcanic eruption。（自然灾害是能造成灾难性后果的任何自然事件或力量，如雪崩、地震、水灾、森林火灾、飓风、雷击、龙卷风、海啸和火山爆发）。

以上定义大多从自然灾害的成因与危害两个方面揭示自然灾害的基本特征。可以看出，自然灾害的形成必须具备两个条件：一是有自然异变，二是要有生命伤亡和人类社会财产损失。[②] 从自然灾害的本质属性来看，自然灾害并不是自然事件或力量本身，而是由其造成的后果。比如，地震、洪水本身并不是自然灾害，而是自然现象，只有由它们为主因造成的生命伤亡和人类社会财产损失才是自然灾害。因此，韦氏字典中对自然灾害的表述只涉及了造成“自然灾害”的外因，与承受灾难性后果的对象无关，并不

---

① 中国社会科学院语言研究所词典编辑室编：《现代汉语词典》，商务印书馆 2006 年版，第 1808 页。

② 黄崇福：《自然灾害基本定义的探讨》，《自然灾害学报》2009 年第 5 期，第 44 页。

能揭示“自然灾害”这一概念所反映的对象的本质①。

从自然灾害的外延来看，其种类繁多。在实际研究过程中，不同的研究主体依据不同的标准对自然灾害进行了不同的划分。例如，依据孕灾环境和致灾因子，可以将自然灾害划分为气象灾害、水文灾害、地质灾害和生物灾害四大类；而2006年制订的《国家综合减灾“十一五”规划》中，则仅仅直接列举了洪涝、干旱、台风、冰雹、雷电、高温热浪、沙尘暴、地震、地质灾害、风暴潮、赤潮、森林草原火灾和植物森林病虫害13种自然灾害，非常具有实操性；同时，我国在传统上有七个部门负责管理自然灾害，即国家海洋局、中国气象局、中国地震局、水利部、农业部、原林业部（现国家林业局）、原地矿部（现并入国土资源部），因此，依据部门管辖范围，我国一般将主要自然灾害分为海洋灾害、气象灾害、地震灾害、洪涝灾害、农作物生物灾害、森林生物灾害和地质灾害七类；此外，依据形成过程的时间长短，可以将自然灾害划分为突发性自然灾害和缓发性自然灾害，其中，突发性自然灾害指在较短时间内发生和结束的灾害，缓发性自然灾害指经过长时间发展后逐渐显现成灾的灾害；依据灾害发生过程，可以将自然灾害划分为原生灾害和次生灾害，其中，原生灾害指灾害链中最早发生的起作用的灾害，次生灾害指由原生灾害所诱导出来的灾害。

（三）档案自然灾害

档案自然灾害，是指由自然事件为主要原因造成的，给档案及档案工作带来破坏性影响的事件。在这个定义中，“自然事件”指明了原因，“给档案及档案工作带来了破坏性影响”指明了后果。对档案自然灾害概念的理解要注意以下两点：

---

① 黄崇福：《自然灾害基本定义的探讨》，《自然灾害学报》2009年第5期，第44页。

首先，档案自然灾害的来源。应该说，一切自然灾害都会在不同地区或不同程度上对档案和档案工作造成影响。但是，笔者认为，档案自然灾害的主要来源是突发性自然灾害，这也是档案自然灾害防治研究工作的重点。这里我们要明确突发性自然灾害与缓发性自然灾害的区别。所谓突发性自然灾害，是指灾害的发生和结束快速而明显，当致灾因素的变化超过一定强度时，就会在几天、几小时甚至几分、几秒钟内表现为灾害行为，像地震、洪水、台风、泥石流等。而缓发性自然灾害，是指在致灾因素长期发展的情况下，逐渐显现成灾的自然灾害，如干旱、土地沙漠化、水土流失等，这类灾害通常要几个月、几年或更长时间的发展。干旱、土地沙漠化等缓发性自然灾害虽然会对人类的生产生活造成一定的影响，但是从档案部门的角度来看，由于其带来的损害不明显，因而不构成档案部门自然灾害防治工作的重点，不属于档案自然灾害的主要来源。

其次，档案自然灾害的本质特性。前面我们分析过，从自然灾害的本质属性来看，“自然灾害并不是自然事件或力量本身，而是由其造成的后果”。在档案自然灾害的定义中，我们同样将档案自然灾害的本质特性定位在其本身破坏性的既定结果上，即对档案及档案工作带来破坏性影响，造成既定事实。这种破坏性影响表现在对档案馆建筑和档案保管设施的损毁、对馆藏档案的破坏以及给档案工作人员、档案利用者的人身安全带来的威胁，最终对档案实体和档案工作构成严重危害。因此，档案自然灾害的本质特性是其对档案功用性及档案工作秩序的破坏，导致档案功能发挥效力降低乃至完全丧失，使档案工作陷于混乱甚至瘫痪状态。

二、档案自然灾害的种类及其危害

（一）地震灾害及其危害

地震灾害作为“最难以预测和预防的灾害”[①]，其突发性强，对档案和档案工作的破坏力巨大。1976 年中国唐山 7.8 级大地震使唐山市的档案库房大部分倒塌，90%的档案资料被埋在废墟里，23%的档案人员伤亡；1985 年墨西哥 7.8 级地震使墨西哥国家档案馆遭到损坏；1989 年美国洛玛市普雷塔 6.9 级地震使旧金山市档案馆遭到破坏；1995 年，日本阪神 7.3 级地震使当地几个档案机构也遭到了同样的厄运。[②]2008 年汶川 8.0 级大地震中，当地许多档案馆都不同程度地受损。北川县 85000 余件档案全部被埋，而抢救出来的档案大部分已受潮，部分发生霉变，只有 60%可用。由于受损档案数量大，全部修复完毕需要四至五年时间。[③]2010 年青海玉树地震爆发，玉树县档案馆 1 人不幸遇难，1 人受伤，灾区档案馆（室）保管的 13 万卷档案中，有 9 家档案室近万卷档案因办公楼倒塌被废墟掩埋，其他 12 万卷档案均处于震后危房中。[④]2011 年东日本大地震的震灾和引发的海啸破坏了沿海地带大多数的建筑物和港湾设施，死者和失踪者人数超过 20000 人，损失总金额估算 16 兆 9 千亿日元（约合 13520 亿人民币）；另外，福岛第一原子发电站由于海啸引起灾害，使周边地区受到严重的辐射危害。网络上称此次灾害程度堪比“9・11”，可以称之为“3・11”。

---

① 蔡学美：《档案馆灾害防治研究》，《中国档案》2000 年第 11 期，第 42 页。

② 国家档案局外事办公室译：《档案馆灾害预防指南》（之一），《中国档案》1999 年第 1 期，第 40 页。

③ 陈映明：《地震灾区受灾档案抢救与保护的思考》，《兰台世界》2009 年第 5 期，第 27 页。

④ 王娅姿：《由青海玉树地震引发的档案安全思考》，《中小企业管理与科技》2010 年第 7 期，第 57 页。

地震灾害对档案及档案工作的危害主要有两种：一种是由于地震引起的地面震颤等直接灾害造成的档案库房倒塌、档案装具破坏、档案文件损毁、档案人员伤亡等损失；另一种是由于地震引起的火灾、水灾、泥石流、爆炸等次生灾害造成的损失。

1. 地震引起的地面震颤等原生灾害造成的档案损失

首先，对档案建筑、设备及档案装具的破坏。地震时会发生地面颤动、滑坡等现象，使得档案馆建筑倾斜、开裂甚至倒塌，档案设施设备被砸毁，档案装具被瓦砾或泥土埋压。特别是砖混结构库房，在地震时顷刻倒塌，木质装具则被砸碎，使档案埋在废墟之中。而电动密集柜等档案装具在地震中倾覆后，柜内档案杂乱无序地散落在废墟之中，由于供电中断更是增加了档案抢救修复工作的难度。2008 年汶川地震就使四川全省 203 个档案馆中的 118 个档案馆不同程度受损，4 个档案馆垮塌或濒临垮塌，56 个馆鉴定为 D 级危房，需重建；档案保管保护设备设施损毁 5511 台（套）[①]。（见图 2—1）2013 年 4 月 20 日四川芦山发生 7 级地震，芦山县档案馆作为汶川地震后新修的大楼虽然经受了地震的考验，但是馆内许多硬件设施已经损毁：墙面脱落、门窗均损坏；档案密集架倒塌移位或扭曲变形，档案散落在地，或污染损坏，或杂乱无章；各种消防设施及温湿度监控系统、设备均被破坏；各种办公设施设备损坏 21 台；望板、线路全部受损。（见图 2—2）邻近的天全县档案馆中，墙壁破裂，房顶受损，办公用房、各类业务用房及档案库房受损严重，受损建筑面积达千余平方米，各种办公设施设备损坏 16 台。（见图 2—3） 2014 年 10 月 7 日，云南景谷发生 6.6 级地震，一周内发生余震超过千次，景谷县档案馆有 60%的档案箱及档案柜被震动以致移位，部分档案箱和档案柜倒塌以致损坏。

① 马小彬：《从汶川特大地震看西部地区档案馆库房建设》，《中国档案》2009 年第 6 期，第 40 页。

图 2—1　2008 年汶川地震中坍塌的档案馆大楼

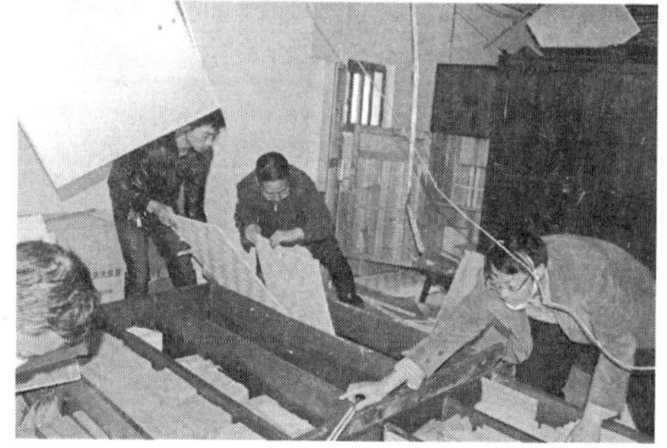

图 2—2　2013 年芦山地震后的芦山县档案馆

图 2—3　2013 年芦山地震后的天全县档案馆

图片来源：四川省档案局。

其次，对馆藏档案的危害。第一，档案被废墟掩埋时会受到机械性损伤，档案纸张被折叠或撕裂破损；第二，地震发生后通常伴随异常天气，如阴雨现象，一些档案被掩埋又没有得到及时抢救，经雨水浸泡之后容易形成档案砖；第三，地震后将产生大量灰尘，这些灰尘中一是带有大量固体颗粒，二是吸附有酸碱性成分，三是带有大量霉菌孢子，这将使得档案要么被严重磨损，要么纸张老化或字迹褪变，要么被霉菌严重污染（见图 2—4、2—5）；第四，地震后档案被掩埋丢失。地震发生后，一些档案由于被埋压过深，一些档案由于地面位移或保管人员震亡而无法确定埋压位置，一些档案由于保管分散，不能及时扒出，导致档案丢失。[①] 此外，地震灾害还会直接导致声像、电子文件数据信息的丢失。如 1995 年日本神户地震时，震区的部分电子文件数据信息因此而消失。

最后，给档案工作人员的人身安全带来威胁。一些档案工作人员在突如其来的地震中为了抢救某些珍贵档案或因无法及时逃离而很有可能被倒塌下

图 2—4　汶川地震中雨水长期浸泡、霉菌滋生严重的档案

图 2—5　汶川地震后档案上长出繁殖力极强的蘑菇

图片来源：四川省档案局。

① 杨振岐、马嫱等：《谈档案馆地震灾害预防》，《中国档案》2006 年第 8 期，第 60 页。

来的建筑、装具埋压、砸伤，导致人员伤亡。

2. 地震引发的水灾、火灾等次生灾害造成的档案损失

首先，地震引发水灾或滑坡、泥石流淹毁档案。地震发生后，由于地面和地下能量大面积释放，引起空气强烈对流，加上震后空气中的粉尘数量增多，容易导致降雨天气，使得处于破损库房中的档案被雨水浸湿、破坏，而位于底层库房的档案则容易被震后从地面冒出的水或泥浆淹没、污染。地震还会造成供水管道被震裂或扭断，从而使档案以及装具面临着水灾的威胁。地处山区的档案建筑还会遭受地震引发的泥石流的冲击，导致建筑、设备被冲毁或掩埋甚至人员伤亡。2012 年 9 月 7 日云南省彝良县发生 5.7 级地震，9 月 10 晚间至 11 日凌晨，彝良灾区遭遇大到暴雨，由于地处山区，县城等多个地区发生泥石流，造成多处房屋倒塌、损坏、被淹，超过 10.5 万人受灾，63 人受伤。

其次，地震引发火灾烧毁档案。在地震中，许多供电系统短路或瞬间高压，有时会引燃周围可燃物，从而引发火灾。如 1739 年我国银川发生 8 级地震，引起火灾，大火烧了 5 天 5 夜；1906 年 4 月 18 日，美国旧金山发生 8.3 级地震，有 50 多个地方着火。由于人群堵塞、供水系统瘫痪，无法救火，大火连烧了 3 天 3 夜，以致市区面积 106 平方公里的 28 万间房屋被烧毁，700 人死亡，直接经济损失达 35 亿美元（约合今天的 50 多亿美元）。火灾对档案造成的破坏包括高热和火的破坏、烟熏造成的破坏以及水造成的破坏。经过高温和火焚，纸质档案容易炭化、酥脆，其强度降低，在没有得到及时修复的情况下甚至会成为碎片甚至灰化。而磁带、胶片等新型载体档案由于经过高温烘烤及烟熏，要么被直接焚毁，要么粘在一起且表面黏附着大量的烟尘，严重影响信息内容的可读性。而发生火灾后，人们在用水灭火过程中，使得档案被打湿，从而遭到水的破坏①。

---

① 向立文、罗满玲：《档案馆自然灾害预防的几点思考》，《档案学研究》2011 年第 3 期，第 72 页。

地震灾害给档案及档案工作带来的破坏性影响除以上两种主要情况外，还存在地震灾害发生后档案的人为破坏及档案的二次受损等情况。档案的人为破坏指人为的有意和无意造成的档案破坏和损伤，例如图书资料有的被人取走生火做饭、有的据为个人所有。档案的二次受损是指由于震后保管条件恶劣，一无库房二无装具，被抢救出的档案资料只能在露天随意堆压摆放，从而使其再次受到潮湿、光照和灰尘沙土的污染，有的甚至被虫蛀、鼠咬或发霉变质、字迹褪色，使档案受到二次危害。

当然，从 2008 年汶川地震灾后恢复重建项目及 2010 年中西部地区县级综合档案馆建设项目实施以来，中西部地区一些不符合《档案馆建筑设计规范》和《档案馆建设标准》要求的县级综合档案馆已经得到新建、改建、扩建或被列入建设规划，这些新馆均已按照《档案馆建筑设计规范》中“位于地震基本烈度七度以上（含七度）地区应按基本烈度设防，地震基本烈度六度地区重要城市的档案馆库区建筑可按七度设防”的基本要求进行了防震设计和施工，为抵御地震灾害的袭击构筑了坚固的防线。但是，对于其他大多数地处地震灾害易发地带且防震功能不达标的综合档案馆来说，地震灾害的威胁依然存在。

（二）洪水灾害及其危害

这里我们要注意区分洪水灾害与洪涝灾害。所谓涝灾，是指由于降水过多，地面径流不能及时排除，农田积水超过作物耐淹能力，造成农业减产的灾害，叫作涝灾。洪灾和涝灾统称为洪涝灾害，简称“洪涝灾”。由于在农村地区的洪灾，多数伴生有涝灾，因此，洪涝灾害常常被视为洪灾。[①] 但事实上，洪水灾害和洪涝灾害的外延不同，在档案自然灾害研究中，不能把洪

① 向立文、罗满玲：《档案馆自然灾害预防的几点思考》，《档案学研究》2011 年第 3 期，第 72 页。

灾和涝灾混为一谈。因此，现有研究中把洪涝灾害作为档案自然灾害的种类之一进行研究的做法，笔者认为是不合适的。

就灾害发生的时空范围、时空强度以及对人类生存与发展的威胁程度而言，洪水灾害是一种严重的自然灾害。因而，洪水灾害被认为是“对档案造成损失最为普遍的灾害”[①]。1966年，意大利国家中心图书馆中的200万卷文件资料被佛罗伦萨的洪水冲毁；2002年夏天，波兰、捷克和德国的档案馆在洪水中损失巨大；2004年的印度洋海啸使印度尼西亚灾区的档案保管机构遭受了同样的厄运；[②]2007年7月四川东北、东南和北部连续暴雨给全省造成严重洪涝灾害，给四川各地档案局馆造成直接经济损失300多万元，10余万卷档案受潮[③]。

洪水灾害通常会对档案的安全性造成重大威胁，各类档案载体——不论是纸张还是胶片、光盘，对水都具有高度敏感性，一经遇水，要么变形、破损、褪色、霉变，要么溶化、划伤、粘连、损毁。对于纸质档案来说，纸张经水淹过后，一方面纸张纤维会吸水膨胀，导致起皱变形甚至破损；另一方面纸张表面会被水中污泥污染，造成档案内容的不可读性。一些档案的字迹材料如染料、有机颜料等遇水极易溶解，使得档案字迹褪色、字迹洇化。（见图2—6至图2—9）一些纸质档案上的施胶在遇水时会软化，使得档案纸张粘连，容易形成档案砖。在高温高湿条件下，如果纸张上的水分得不到及时的干燥处理，则容易生长各种霉菌。对于胶片档案等其他载体档案来说，其载体材料主要由片基和乳剂层构成，遇水后则易发生溶化、划伤、粘连现象。这些新型载体档案如果得不到及时抢救，就会造成档案信息内容不可读或者丧失，影响档案安全性，甚至使档案遭到毁灭性损害[④]。

---

① 蔡学美：《档案馆灾害防治研究》，《中国档案》2000年第11期，第42页。

② 侯怡敏：《论灾难预防对档案保护的重要性》，《兰台世界》2007年第3期，第7页。

③ 四川省档案局宣传教育处：《四川省档案系统奋力抗洪抢险确保档案安全》，《四川档案》2007年第4期，第52页。

④ 向立文：《档案部门自然灾害应急管理机制构建研究》，《档案学通讯》2011年第5期，第59页。

图 2—6　水淹后被淤泥包裹的档案

图 2—7　水淹后被阴干的档案

图 2—8　被淤泥包裹的档案和档案装具

图 2—9　档案经水淹后字迹已变模糊

图片来源：四川省档案局。

（三）台风灾害及其危害

台风灾害是一种“分布较广破坏力较强的灾害”①。在台风波及的地区，特别在台风中心附近，经常伴有狂风、暴雨、巨浪、大潮等现象，严重威胁着档案的安全。在台风灾害中，台风的强大风力会导致档案馆室建筑破损甚至倒塌，档案装具等内部设施倒塌、损坏，档案从装具中散落，从而使档案混乱、受损。台风引发的次生灾害如暴雨、洪灾、风暴潮等往往来势凶猛，

① 向立文：《档案部门自然灾害应急管理机制构建研究》，《档案学通讯》2011 年第 5 期，第 59 页。

破坏性极大，使档案建筑、设施设备被冲垮，档案被海水浸泡甚至被潮水冲走。

据调查，我国台湾、海南、广西、广东、福建、浙江、上海、江苏等省市区的档案馆室都有遭受台风灾害的记录。7314号台风在海南琼海登陆后，县档案馆和许多公社的档案室建筑被台风刮倒，档案被损毁；8909号台风袭来时，浙江省缙云县靖岳乡因洪水导致水库垮塌引发泥石流，位于山脚、设在建筑底层的档案室受淹，档案被泥水浸泡，受到污染；2001年台风“纳莉”来袭，其带来的暴雨使位于地下二楼的台北市政府档案室被水淹泡；受9711号台风影响，浙江省宁波市各区县共有20个档案馆室受灾，仅舟山市一地就有6家档案室受潮水、洪水侵袭，千余卷档案被淹①。

（四）地质灾害及其危害

滑坡、地面塌陷、泥石流是最常见的三种地质灾害。地质灾害通常发生在山区，尤其是在云南、贵州、广西、四川等西部地区，由于特殊的地质构造、地形特点加上频繁的人为活动，使得滑坡、地面塌陷、泥石流等地质灾害频发。例如，云南全省土地面积的94%均属于山形，而且在地形上呈地形陡峻、山高沟深、便于流水汇集的特点，为泥石流、滑坡的形成提供了必要条件，使得云南成为全国地质灾害最严重的省份之一。全省很多山区经常是晴通雨阻，到七八月的雨季时，由于多处山体滑坡，有的县份甚至整个成为无法通行的“孤岛”。

地质灾害通常对档案馆库建筑造成损害，从而危害馆藏档案。例如：曾经的四川木里藏族自治县档案馆是建在县城两条大排水沟的滑体边缘上的，从1986年开始，该地段逐年下滑，1991年以后严重加剧，导致档案馆库地

① 王良城：《自然灾害对档案的侵袭与应对策略》，《档案学通讯》2010年第3期，第73—74页。

基下沉，墙体分离、错位，室内地面裂缝，室外道路开裂塌陷，每层库房墙体出现水平裂缝、八字裂缝、斜裂缝。第二、三层库房有六根大梁，裂缝在0.3—0.8厘米之间。整栋房屋向东北方向倾斜0.5厘米。该馆已于1997年另选地址重建。[①]2010年8月7日，甘肃省舟曲县发生特大山洪泥石流灾害，对当地及周边地区档案馆造成灾难性后果，县档案局职工及亲属共11人在舟曲泥石流中不幸遇难，32个单位的档案室受到严重损害。[②]档案馆库出现的地面塌陷，在四川省也有一定的数量，参见下表：

表2—1　四川省各地档案馆地质灾害调查部分情况

档案馆	沉陷状况	局部沉陷原因
凉山州档案馆	库房出现不均匀沉陷3—4厘米，地面、楼面、大梁多处拉裂，整栋房屋向一侧倾斜	持力层厚度薄弱
巴中市档案馆	库房墙壁、楼面出现多处裂缝，经鉴定已成一级危房	古城壕回填土下沉
南溪县档案馆	库房地面、墙面出现裂缝	防空洞基础作库房基础
沐川县档案馆	库房基础下沉，库房墙壁、楼面出现拉裂缝隙	烂泥塘回填土下沉
双流县档案馆	库房西南、西北角基础明显下沉，库房西头1—4楼各层楼面、墙体多处裂缝，最宽达3厘米左右	炸弹坑回填土下沉

资料来源：王良城：《自然灾害对档案的侵袭与应对策略》，《档案学通讯》2010年第3期。

近几年来，通过汶川地震灾后恢复重建和中西部地区县级综合档案馆建设项目的支持，中西部地区部分县级综合档案馆已另外选址新建、原地扩建或改造，如四川木里县、巴中市、双流县等，这些新的档案馆建筑无论在选址或建筑设计等方面都坚持了《档案馆建筑设计规范》和《档案馆建设标准》的要求，远离地质灾害易发地段，采取防潮和防水措施，配备坚固的档

① 陈代荣、王定才等：《滑坡、沉陷、泥石流危害档案馆库实例分析及防治措施》，《四川档案》2001年第2期，第8页。

② 向立文、昌珍霞：《档案部门自然灾害管理机制研究》，《档案学通讯》2011年第5期，第59页。

案装具并安装了消防报警设备，为抵御地质灾害的破坏筑起了坚固的防线。然而，对于那些地处危险地段且不符合建设标准的“旧馆”而言，他们仍然正在经受着被地质灾害冲击的风险，需要采取措施做好防范工作或争取被早日列入项目建设规划中。

（五）其他自然灾害及其危害

1. 雷电灾害

雷电灾害作为自然界中影响人类活动的严重灾害之一，不仅造成了人员伤亡，也给航空航天、国防、通信、计算机、电子工业、化工石油、邮电、交通、森林等行业造成了严重的经济损失。雷电灾害已经被联合国有关部门列为“最严重的十种自然灾害之一”。1989 年 8 月 12 日 9 时，位于青岛市的中国石油总公司管道局胜利输油公司黄岛油库因雷击发生特大火灾爆炸事故，5 个着火的油罐内 2 万多吨原油燃烧的火焰高达 300 多米，大火连续燃烧了 5 天 4 夜，造成 19 人死亡，100 多人受伤，直接经济损失 3540 万元。

雷击除造成档案工作人员伤亡之外，还会危害档案计算机信息管理系统。近年来，电子技术的飞速发展推动了电子用电设备的普及和应用，档案信息管理领域进入了数字化、网络化、自动化建设阶段，大大提高了档案工作的质量和效率。但随之而来的问题是，电子计算机等电子设备耐受过电压、过电流的能力相对较低，同时也缺乏必要的雷害防护技术措施；而电子集成电路制造技术及暴露在室外的网络传输线路都难以经受雷电强烈冲击的破坏。因而，雷电灾害中，档案计算机信息管理硬件设备设施会被击毁，整个系统崩溃瘫痪，存储的档案文献信息和档案工作信息损失殆尽。而雷电灾害引起的次生灾害——火灾则是损毁档案实体的主要灾源，火灾以后档案一般很难幸存，如果火灾扑灭及时，档案也可能成为纸灰。

2. 冰雹灾害

虽然通常冰雹发生的时间不长、范围不大，但冰雹常砸坏建筑、设施等。而且冰雹灾害多伴随或者引发其他自然灾害一起发生，如大风和暴雨，导致山洪暴发、河水猛涨，引发地质灾害和洪水灾害。加上冰雹灾害往往是突然降临，以致人们措手不及，难于应付，故冰雹灾害对档案馆建筑亦具有相当大的破坏性，从而对馆藏档案造成威胁。

3. 沙尘暴灾害

沙尘暴使大量的沙尘飘浮在大气中，在污染空气、严重危害人类健康的同时，也给档案带来了污染和破坏，对档案的长期安全保管造成威胁。有的强沙尘暴风力达到10级以上，会使建筑物受到损害。例如，对于我国的国宝档案敦煌莫高窟壁画来说，由于地处甘肃敦煌的鸣沙山上，在漫长的岁月中一直经受着风沙等大自然的侵袭，洞窟及壁画所遭到的破坏严重。1984年，中国政府成立敦煌研究院，开始了治沙工程，并采用数字化技术开展莫高窟的保护工作；1987年莫高窟被列为世界文化遗产，得到了较为全面的保护；1989年以来，敦煌研究院与中国科学院兰州沙漠研究所及美国盖蒂文物保护所等单位合作，从风沙运动规律特征出发，采取不同的防护措施来防风固沙，保护莫高窟。然则，由于莫高窟地处大漠之腹，风沙对壁画的侵蚀和威胁依然存在，要彻底遏制风沙的危害，对莫高窟而言依然任重道远①。

① 方志华：《莫高窟保护经验带给档案保护的有益启示》，《中国档案报》2010年11月1日。

三、档案自然灾害的成因

自然灾害的诱发因素很多，而且不同的自然灾害其致灾因子也不相同，前面按自然灾害的成因对档案自然灾害进行了分类。但总的来说，档案自然灾害的致灾环境包括自然因素与人为因素两类，其中，自然因素导致自然灾害的普遍发生，人为因素则导致自然灾害的频繁发生并对档案系统造成破坏性影响。

（一）自然因素

自然灾害孕育于由大气圈、岩石圈、水圈、生物圈共同组成的地球表面环境中，如：天气的变化导致洪水、雷电、冰雹等气象灾害；地壳内能量的急剧释放和岩石、坡体的位移导致地震、火山及岩崩滑坡；海水的异常变化导致海啸、海潮等海洋灾害。此外，大气圈、岩石圈、水圈等多圈交叉变异也会引起自然灾害。而地球表面的大气圈、岩石圈、水圈和生物圈的变化则受地球、月球、太阳三者之间相对位置变化的影响，也就是说，地球、月球依其固定轨道围绕太阳运行过程中，由于其相对位置的改变引起引力场（包括磁场）的改变，因而引起地球表面其他要素的改变，例如水文、气象、潮汐、地球微震等呈其有规律性的变化。① 当地球、月球、太阳三者处于同一直线上的极端位置时，即当月球处于地球同太阳之间时（日食），地球受到的引力值为最大。而当地球处于太阳和月球之间时（月食），地球受到的引力值为最小。其余各种位置的引力值都处在上述二者之间变化。地球处在引力值为最大或最小的时候，地球上发生的灾害相对较严重，也是地球上发生灾害较多的时段。

① 刘祯：《地球自然灾害发生原因初探》，《吉林地质》2001 年第 3 期，第 65 页。

科学家们研究发现，自然灾害的发生还与太阳的活动周期有关。太阳活动周期以太阳黑子的数量周期性变化为准进行划分，太阳黑子的活动周期为 11 年左右，太阳活动周期即太阳黑子 11 年周期。在每一个周期中，黑子从最少年开始，在 3—5 年中增大，达到一个极大值（峰值），然后在随后的 5—7 年再减小到一个极小值（谷值），相对应的年份分别称为黑子极大年（峰年）和黑子极小年（谷年）。自然灾害的发生与太阳活动周期的关系表现为某些自然灾害有太阳黑子活动的 11 年或 22 年周期，而且经常与黑子的极大年（峰年）或极小年（谷年）相关。例如我国黄河中游地区、太湖流域和江淮流域下游地区的旱涝变化与太阳活动具有共同的变化周期，其中 11 年周期尤为突出。我国科学家经过长期的观察研究发现，长江中上游和黄河流域，在太阳活动峰年前后常常发生洪涝和大水，而在太阳活动的谷年附近，则常常发生干旱。此外，太阳活动周期还与地震发生有一定关系，如我国新疆、华北等地，地震发生和地震迁移具有 11 年活动周期的特征。这反映出自然灾害除受地球引力场的影响之外，还受到太阳本身的活动周期的控制。

此外，科学家们还分析认为，其他慧星的近邻地球或与地球相撞则诱发了或直接导致了一些特殊的、全球性的自然灾害。如哈雷慧星的作用导致欧洲受到空前的狂风和暴雨袭击以及我国长江流域的特大洪水、台湾省的大地震、日本的大地震的发生①。

（二）人为因素

人为因素主要指人类对生态环境的大肆破坏导致了自然灾害的频繁发生，而档案部门的防治力度不够致使自然事件给档案部门带来了巨大的破坏性影响。

---

① 刘祯：《地球自然灾害发生原因初探》，《吉林地质》2001 年第 3 期，第 65 页。

首先，人类对生态环境的破坏导致自然灾害的频繁发生。近些年来，世界人口急剧增加，经济发展高速增长，对生态环境造成的破坏性影响愈来愈大，从而导致自然灾害频发。并且，人类对生态环境的破坏存在加重趋势。目前中国人口已达 14 亿人，在人口压力之下，频频出现的围湖造田、毁林开荒、过度放牧等人类向大自然过度索取的现象，造成资源大量消耗，生态环境急剧恶化。我国大面积爆发的沙尘暴天气，危害之大，涉及面积之广，正是人们对水资源、生物资源和土地资源过度开发利用的结果。而人口拥挤和劣质建筑使得地震的威力超过其自身的能力，变得更加致命。“更多穷人居住在拥挤的现代都市的贫民区中，这里的建筑不堪一击。这意味着一旦发生地震、河流决堤或暴风雨来袭，就会有更多人丧生。”①美国科罗拉多大学的地震专家罗杰·比尔汉姆（Roger Bilham）在 2010 年 2 月的一期《自然》杂志上撰文说：“在近期发生的一些地震中，建筑物充当了大规模杀伤性武器的角色。我们建立的房子在地震中杀死了我们自己；我们建立的房子在洪水到来时，冲倒了我们自己。”比尔汉姆表示，全球有越来越多的人正蜂拥而至大城市，而这些城市坐落于断裂带和容易发生洪水的地区。他指出，全球 4—5 亿人生活在容易发生大地震的大城市。类似海地地震这样的灾难将会再次发生。2012 年 9 月发生在云南彝良的地震为 5.7 级，属于一般破坏性地震。然而地震却造成了 80 多人死亡及大量房屋倒损，损失巨大，其主要原因就在于其人口密度大及房屋抗震性能差，云南省地震局局长分析指出：“云南省平均每平方公里 117 人，而此区域内每平方公里达到 205 人，已经远远超出了全省水平；偏地震所发生的区域房屋抗震性能弱，部分房屋为墙台梁，承重能力不好，房屋结构本身不具备抗震性。”“我们看到，人们为了自己的生存与灾害进行着艰苦的抗争，另一方面由于自私和短见在制造灾害、加剧灾害，从而危害自己的生存。人既是灾害的制造者，也是灾害的受害者，同时又是灾害的抗争者。面对日益严重的灾害威胁，我们需要科学的

① 刘霞：《灾害频现谁之过》，《科技日报》2010 年 12 月 23 日。

灾害观和危机观，科学解释灾害及其原因、准确分析灾害的影响，深刻认识灾害同人及社会的辩证关系。”①

其次，档案部门防灾意识及防灾工程薄弱导致档案自然灾害的实际发生。虽然自然事件的发生在同一区域内具有普遍性，自然事件发生区域内的各行业及各部门都会受到影响，但是，自然事件的致灾强度及其所造成的损失大小与各部门的防灾意识及防灾、承灾能力有关。当强度很大的突发性自然事件发生在防灾意识不高、防灾工程薄弱的部门时，就会造成大灾难。近几年发生在我国的档案自然灾害事件是与档案部门的防灾意识不高、防灾能力不强有关的。许多档案工作人员对自然灾害引起档案受损以及会给人类社会造成无法挽回的损失认识不深，导致档案管理工作人员对于档案安全保护，在思想上出现了麻痹大意，风险意识减弱。在弱化的防灾意识支配下，一些档案部门的防灾减灾行动措施不力，如：档案馆室建于低洼和山脚处；档案馆建筑危房多，抗震设防等级未达标；档案装具配备以木质为主或片面追求管理上的便捷，而未以保障档案安全为第一原则；应急预案中制订的应急措施过于笼统并且缺乏演练，导致实际执行中的可操作性和有效性不强；等等。总之，档案工作人员的防灾意识不高以及档案部门的防灾、承灾能力不强，增加了档案自然灾害的发生条件，给档案部门带来巨大的破坏性影响。

四、档案自然灾害的特点及其对防治工作的要求

（一）档案自然灾害的突发性特点及其对防治工作的要求

档案部门自然灾害防治研究工作的重点对象是突发性自然灾害，其发生

① 黄顺康：《公共危机管理与危机法制研究》，中国检察出版社 2006 年版，第 77 页。

和结束快速而明显，通常在几天、几小时甚至几分、几秒钟内表现出来，如地震、洪水、台风、冰雹等。在地震中，一次七八级大地震的破裂长度也就几十到几百千米，而破裂的传播速度却可以达到几千米每秒，照此推断，一次七入级地震震源的形成只需几十秒，最多一百几十秒。[①] 自然灾害的这种瞬间突发性使得人们对其发生即使有所察觉，也会陷于猝不及防的境地。如果在自然灾害发生之前不采取任何措施，单凭在灾害发生过程中的较短时间内来采取措施以避免灾害几乎是不可能的。因此，对于档案部门来说，自然灾害的防御工作是必需的、不可或缺的，并且是一项长期的、艰巨的、需要持之以恒的工作。

档案自然灾害的突发性决定了对其预测的困难性。随着科学技术的发展，台风、海啸等自然灾害的预测预报工作不断趋向精确。然而，目前尚有很多自然灾害是很难得到准确预测的，地震是其中之一。尽管我国目前的地震预报水平比以往任何时候都有了很大的进步，地震预报的准确性有了大幅度提高，而且还建立了全国性的地震预测网络，然而，准确预报地震特别是临震预报仍是一个世界性的难题。这决定了我们应该将应对自然灾害的工作重点放在预防上，而不能仅仅依靠预报工作。

档案自然灾害的突发性还决定了其应对时间的紧迫性。档案自然灾害的发生不仅突然，其发展速度也是相当迅速的，如果不及时采取措施进行控制，任其自行发展和蔓延，那么将会给档案带来难以修复的损失。如地震、洪水、台风等自然灾害，发生之后需要紧急处理，容不得耽搁。可以这样说，对自然灾害的反应速度是否快速、反应措施是否正确是能否及时正确地应对自然灾害的决定因素。

档案自然灾害的瞬间突发性的特点要求档案部门的自然灾害防治工作要以防为主，做好防灾减灾工程的一切预防和准备工作，并要求在灾害来

① 韩渭宾:《地震灾害基本特点及防震减灾对策的几点思考》,《四川地震》2004 年第 3 期，第 1 页。

临时快速反应、高效处置，以将灾害损失降至最低。这就要求各级档案部门要树立高度的自然灾害风险意识、防范意识和责任意识，把灾害预防作为档案安全工作的中心环节和主要任务；建立档案自然灾害预防与预警机制，制订防范各种自然灾害的预案，落实各项预防措施，做好处置档案自然灾害的预案准备、应急准备和保障准备；有计划有组织地开展应急演练，及时调整和修改应急预案，确保实际操作中万无一失，提高应对自然灾害的紧急处置能力；加强与气象、地质等部门的沟通联系，以获取连续不断的灾害信息；加强本部门应急救援队伍与公安、消防等专业应急救援队伍的合作，做好联合培训、联合演练，提高合成应急、协同应急的能力；建立健全科学决策体系、防灾救灾体系和恢复重建体系，力争实现早发现、早报告、早控制、早解决，尽量把自然灾害给档案安全造成的损失减少到最低程度。

（二）档案自然灾害的高度破坏性特点及其对防治工作的要求

档案自然灾害往往具有较大的破坏性，它们对档案所带来的直接灾害以及由其引发的次生灾害对档案所带来的破坏性影响包括有形的、可视的破坏和无形的、不易觉察的破坏两个方面。有形的破坏如档案库房倒塌、档案装具破坏、档案文件损毁、档案系统崩溃甚至档案人员伤亡等。档案的原始记录性的本质特性使得档案的损毁是永久性的、无法弥补的。因为档案是一种不可再生的信息资源，原则上不能被任何复制品所替代。而且档案一旦受到损坏，就难以恢复原貌，造成无法挽回的损失。现代档案信息管理系统对电子设备具有依赖性，而计算机等电子设备对水、火、震颤等方面的承灾能力非常脆弱，因此，地震、洪水、火灾、建筑物坍塌以及雷电灾害都可能给档案信息系统带来灭顶之灾，使硬件设备设施部分甚至完全毁坏，整个系统处于瘫痪状态，存储的档案文献信息和档案工作信息损失殆尽。此外，档案自然灾害还会造成人员伤亡。档案保管机构的工作性质决定了其是人员聚集的场所，除了工作人员之外，每天还要接待或多或少的档案利用者。在自然灾害发生后，容易导致场面失控、人员疏散困难，进而导致人员伤亡，2010年发生的甘肃舟曲特大山洪泥石流灾害就造成了11人遇难。

档案自然灾害带来的无形破坏包括：对活下来的档案人员造成心理和精神上的永久性创伤；对死去的民族工艺传承人或历史事件知情人来说，会造成宝贵技能或工艺的永久性失传或消亡等，甚至造成古老文明和传统文化的灭绝和断层。从某种意义上说，档案自然灾害所带来的无形破坏远远大于有形的破坏，影响也更为长久和深远。因为档案所具有的文化传承功能使得档案的损毁实质上造成人类文化延续的中断，2008年汶川地震中，完整地记录了羌族1700多年发展史的500多页的“孤本”档案《石泉县志》至今未被挖掘出来，其毁损对研究北川县历史、羌族历史是一个巨大的损失。此外，自然灾害的发生可能会导致一些熟练掌握档案文献保护技艺或工艺的专家、一些重要民族传统文化的继承人以及一些历史事件知情人的伤亡，从而导致档案文献保护宝贵技艺或工艺的失传、民族文化传统或特定历史事件的永久性消亡和掩埋，对档案信息开发及保护工作来说，损失的是一笔无法衡量的巨大财富。

档案自然灾害的高度破坏性要求档案部门切实做好防治自然灾害的准备工作，增强档案馆（室）建筑等硬件设施抵御地震、洪水、火灾、泥石流等自然灾害的能力，为保障档案实体安全砌筑保护屏障。档案馆建筑等硬件设施是保管和保护档案最为重要的防线，是防止各种灾害对档案造成损害的主要屏障。为提高档案馆建筑防灾的能力，档案馆新建或改建选址时要坚持避开危险源的原则；建筑设计、建筑施工及材料使用要达到《档案馆建筑设计规范》和《档案馆建筑标准》的要求，并要有效提高档案馆的抗震设防标准；档案装具的配备使用要以保护档案安全为第一原则，为档案安全提供支撑和保障。同时，档案自然灾害的高度破坏性还要求档案部门积极推进档案数字化及档案异地异质备份工作，以避免档案遭受火灾、地震等不可抗力因素的破坏，将档案数据备份存储在远离事故可能发生地，采取积极有效的措施化解档案安全的潜在威胁。

（三）档案自然灾害的衍生性特点及其对防治工作的要求

我国复杂的生态环境加上一些地区灾害防治能力不足，往往使得自然灾害的衍生性更加显著，各种自然灾害形成灾害链，一灾发生，同时可引发出各种不同的自然灾害，出现多灾并发的局面，使灾害损失急剧增大。如台风是我国东部沿海地区常发生的一种自然现象，台风过后往往会产生暴雨，而暴雨除了会引发洪涝灾害，还可能进一步触发滑坡、泥石流等地质灾害，从而形成台风→暴雨→洪水→滑坡→泥石流多灾并发的灾害链。地震过后，由于地面和地下能量大面积释放，引起空气强烈对流，加上震后空气中的粉尘数量增多，容易导致强降雨天气。雨水冲刷往往导致山体崩塌，引发滑坡、泥石流灾害，还会使得河堤决口，造成洪水灾害。2008 年 5 月 28 日汶川地震之后，共造成各类地质灾害 12536 处，其中崩塌 3619 处、滑坡 5899 处、泥石流 1054 处、其他地质灾害 1964 处，形成了 35 处较大堰塞湖。① 这些灾害在一定程度上加剧了对档案的破坏，同时也为灾害抢救增加了难度。例如，火灾作为“对档案造成损失最为严重的灾害”②，其发生的主要原因除电器设备使用不当和电线老化短路之外，地震、雷电通常也会引起火灾等次生灾害的发生。发生火灾的档案库房内，档案基本上难以幸存。据估算，在新中国成立以来发生的近 100 起火灾中，共烧毁档案约 300 万卷③。

档案自然灾害的衍生性要求档案部门在自然灾害防治的过程中，要加强与水利、气象、地震、地质等相关部门的联系，建立专门的联络系统，在发生突发性自然灾害时，及时、迅速地与各相关部门取得联系，为应急救灾工作获取准确的连续性灾害信息，以利于应急组织根据变化的情况在应急物资

① 马宗晋等：《灾害学导论》，湖南人民出版社 1998 年版，第 143 页。

② 蔡学美：《档案馆灾害防治研究》，《中国档案》2000 年第 11 期，第 42 页。

③ 蔡学美：《档案馆灾害防治研究》，《中国档案》2000 年第 11 期，第 42 页。

和救援力量等方面进行调整。档案自然灾害的衍生性还要求档案部门积极动员社会上的各种组织和救援力量，参与档案自然灾害的应急救援工作，以形成应急合力，最大限度降低灾害损失。此外，鉴于档案自然灾害的衍生性会对档案造成多重损坏，因此，在抢救及修复灾后受损档案时，可积极寻求图书馆、博物馆、文化遗产保护机构、信息技术开发研究机构等相关专业组织的帮助与协作，以寻找最佳抢救措施和技术方法，解决各种类型载体档案的抢救修复问题，尽快恢复档案信息系统的数据和功能，把灾害影响减轻到最低程度。

（四）档案自然灾害发生的区域性特点及其对防治工作的要求

我国土地辽阔，地理条件复杂，气候多变，各种自然灾害的孕灾环境不同，不同灾害发生的空间格局差异性，是自然地理条件下的必然。如：洪灾多出现在七大流域中下游沿河两岸；台风多见于东南沿海；沙尘暴多发生在西北地区；地震主要发生在华北、西北、西南三大地震带上；滑坡、泥石流等地质灾害则以西南地区最盛。我国西南地区位于亚欧板块和印度洋板块交界的地中海—喜马拉雅地震带上，地壳活跃，地表崎岖，坡陡谷深，降水集中，多暴雨，地震、滑坡、崩塌、泥石流等地质灾害隐患点分布多、范围广、威胁大。

档案自然灾害发生的区域性特点要求档案部门有的放矢地规划全国各地的档案馆库建设，采取积极有效的措施保护档案安全。在我国，由于地域辽阔、经济发展不平衡，各地的档案馆建筑及硬件配备在防灾抗灾功能上差别显著。经济发达地区档案馆及省市一级档案馆由于得到较为充分的资金保障和政府、社会的高度重视，在建设过程中注重实现建筑的防灾抗灾功能，并配备了较为高端的灾害防治专用设备甚至是智能化消防系统。而我国县级档案馆尤其是西南地区县级档案馆的档案保护水平相对不高。西南地区虽然拥有独特的自然和历史人文资源，档案资源珍贵、富集，然而由于经济欠发达和历史欠账，西南地区县级档案馆库建筑安全隐患严重，保管保护条件差，抗御重大自然灾害的能力脆弱。而特殊的自然人文条件导致我国西南地区滑坡、泥石流、崩塌、沉陷等地质灾害频发，对档案的危害严重。因此，必须采取积极有效的措施加快西南地区的档案馆库建设，提高档案保管部门抵御自然灾害的能力。档案自然灾害发生的区域性特点还要求全国不同地区的档案部门应针对当地经常出现的自然灾害制订有针对性的应急预案，避免照搬照抄其他地区档案部门的应急措施条文，不顾应急预案实施中的实用性和可行性。

综上，档案自然灾害具有突发性强、破坏性大、衍生性显著、区域性明显的特点。档案自然灾害的这些特点要求档案部门制订出更加科学、准确、高效的自然灾害防治措施，增强档案自然灾害防治的针对性和有效性。

第二章　我国档案自然灾害防治存在的问题

我国幅员辽阔，地理气候条件复杂，加上人为致灾因素和抗灾能力总体较差，使得自然灾害的发生频率加快，破坏力也逐渐加大。应对自然灾害频发的总体态势，国家档案行政主管部门非常重视档案安全体系建设工作，相继出台了《档案工作突发事件应急处置管理办法》、《档案馆防治灾害工作指南》等相关规章制度；各级档案保管部门也采取各种措施积极应对自然灾害，如制订应急预案、完善应急管理组织体系建设、落实工作责任制、加强日常管理、开展档案异地保存和备份工作等；学术界也将关注视角转向档案自然灾害，研究自然灾害对档案造成的危害及档案部门的应对思路和方法，相关成果如雨后春笋般不断见诸各种学术刊物。

虽然我国在档案自然灾害防治工作方面取得了重大突破和进展，档案自然灾害防治工作体系日渐形成，然而，这还不能很好地适应新形势下我国所面临的防灾减灾的新要求，尤其是档案保管部门在防灾实践中暴露出的一些问题仍需引起高度重视并采取有效措施加以解决。

一、档案安全保护意识有待提高

在自然灾害中，人们的档案安全保护意识的强弱直接影响着档案的存亡。杨冬权同志在2010年5月12日召开的全国档案安全体系建设工作会议上指出："在影响档案安全的各种因素中，人是决定性的因素。档案安全的最大保障是人的认真，档案安全的最大危险是人的疏忽。许多档案安全事故的发生，就源自于人的认识不到位、思想不重视，疏于防范；许多自然灾害中档案损失的大小，完全取决于人们是否重视档案安全并采取了有效防范与抢救措施。所以，档案安全体系建设的首要任务在于加强人的安全思想建设，提高人们特别是档案人的安全意识，把安全第一当作档案事业的一项重要战略，把档案安全上升到战略的高度来认识，为档案安全构筑起坚固的思想防线。"① 从职业道德层面来说，保护档案安全是档案工作者的基本职责所在。正如杨冬权同志在全国档案安全体系建设工作会议上所指出的：档案安全事关重大，事关全局，事关党和国家的根本利益，档案安全始终是档案工作的生命线和底线，是档案部门的基本任务和第一要务。确保档案安全，是党和人民对档案工作者的基本要求，是档案工作者的基本职责和天大责任②。

近几年来，档案自然灾害的频繁发生以及国家档案安全体系建设要求的提出使档案部门增强了灾害防范意识和档案安全保护意识，全国各级、各类档案保管部门积极采取行动，如：加大宣传，树立自然灾害风险意识；做好日常预防工作，树立自然灾害防范意识；强化管理，责任到人，树立档案自然灾害责任意识。在各种自然灾害防治实践中，也涌现出一幕幕主动担当、及时到位、齐心协力与自然灾害相抗争、保护档案安全的感人画面，

① 杨冬权：《在全国档案安全体系建设工作会议上的讲话》，《档案学研究》2010年第3期，第7页。

② 杨冬权：《在全国档案安全体系建设工作会议上的讲话》，《档案学研究》2010年第3期，第7—8页。

如：2012 年 7 月，北京市遭遇特大暴雨，全市各级档案馆迅速启动应急预案，各区县档案局（馆）领导第一时间奔赴现场，检查场地情况及馆内的设施设备，进行雨情监测和安全防护。北京市档案局（馆）书记、馆长通过电话亲自指挥排查工作，检查人员亲临现场进行查看，相关部门负责人迅速赶到现场查看防汛形势。不论领导、干部还是职工，都是主动赶赴现场进行抢险的，直到确认设施设备安全、档案没有危险时，他们才肯回家。①1995 年吉林省辉发河泛滥，桦甸市档案局档案主库房在汪洋中仅露出一道屋脊，然而馆藏 39884 卷档案却一卷未损。因为在洪水到来前一小时，市档案局 22 名工作人员争分夺秒，连续奋战 9 个小时，每人平均负重一吨行走 10 公里，将全部档案安全转移。这 22 名工作人员中，一半以上是女同志，三分之一的同志在 45 岁以上②。

上述案例所体现出的风险防范意识和档案安全保护意识感人至深，这样的画面我们在汶川地震、舟曲泥石流等灾害中也有所见闻。关键时刻能够迎难而上绝不是一时的情感冲动，而在于灾害防范意识、保护档案的责任意识的不断强化，在于把档案安全保护内化为自己的职责和使命，内化为自己的职业道德和职业情操。当然，也有因档案安全保护意识不强而导致档案无端遭受损失的案例。1989 年 8 月，黄岛油库发生大火，4 小时后发生爆炸。在此期间完全有可能把档案抢救出来，然而人们只顾油库的安危，无人想到去救档案，致使保存在办公楼里的档案与大楼一起化为灰烬③。

虽然近几年频繁发生的自然灾害加强了档案部门的风险防范意识和档案安全保护意识，但是，一些档案馆由于地处自然灾害发生低风险区，考虑到重大自然灾害发生的几率不高加上长期以来的平安无事导致风险意识缺乏；一

---

① 宗研：《北京市和各区县档案局（馆）积极应对特大暴雨灾害》，《兰台世界》2012 年第 25 期，第 30 页。

② 辛文、沙永胜：《兰台情结——桦甸市档案局在特大洪水到来时》，《中国档案》1995 年第 10 期，第 7 页。

③ 国家档案局：《当档案面临天灾时……——兼谈执法意识》，《中国档案》1995 年第 11 期，第 13 页。

些人也会对已经出现的但不是发生在自己身边的灾难感受深刻，但在灾难过后，往往容易忘记灾难的种种威胁，防范意识也逐渐淡薄，很多工作都是出于应付上级布置的任务而敷衍完成，或是以经费不足、人手不够为理由进行推托，因而导致对自然灾害的预防准备不足、应急预案可行性差、应急保障得不到落实；还有一些领导和相关工作人员的自然灾害责任意识缺乏，领导认为自身的岗位职责是做好管理和协调工作、具体事务应由部门负责人来管，档案工作人员认为自身的岗位职责是做好档案管理工作、安防工作应由后勤人员负责，后勤工作人员认为自己不直接接触档案、档案安全保管工作应该由领导和档案工作人员负责，由此造成责任意识不清、互相推诿的现象出现。档案是历史的真实记录，对人类社会的生存、发展，对人类历史文化的传承都具有重要的基础作用。自然灾害中的经济损失尚可通过灾后重建挽回，而珍贵档案的损毁却是永久性的、无法弥补的。档案部门肩负着管理和保存人类历史财富的重要任务，对档案部门来说，怎样强调灾害防治工作的重要性都是不过分的。只有树立高度的档案自然灾害风险防范意识和档案安全保护意识，把防灾减灾内化为每个档案机构和档案工作者的本能行动时，档案部门抵御自然灾害的能力才能得到全面加强，我们的档案才能经得起各种自然灾害的考验。

二、体制和法制建设欠完善

（一）档案防灾减灾组织保障缺失

自然灾害防治体制是指为应对自然灾害而确立起来的组织管理体系及相关主体在权责关系上的体现[①]。其外延主要表现为自然灾害应急组织机构的设置和权责安排两个方面。我国实行的是以统一领导、综合协调、分类管

① 张乃平、夏东海：《自然灾害应急管理》，中国经济出版社2009年版，第38页。

理、分级负责、属地管理为主的自然灾害应急管理的基本体制。中央层面，在国务院统一领导下，成立国务院应急办、国家减灾委和全国抗灾救灾综合协调办公室等综合协调管理机构，同时针对各类自然灾害，设置地震、水利、气象等专业应急管理部门；地方层面，各级政府部门都建立了应急组织管理体系，形成了“政府主导、部门联动、军队参与”的防灾减灾组织体系（见表 3—1、图 3—1）。

表 3—1　我国自然灾害管理部门分工

<table>
<tr><th>主要灾害</th><th>专业管理部门</th><th>综合协调管理
与灾害救助管理部门</th></tr>
<tr><td>雨、雪、风、雹、雷电、高低温等气象灾害</td><td>中国气象局</td><td rowspan="7">国务院应急办
国家减灾委
民政部等</td></tr>
<tr><td>旱、洪、涝等水旱灾害</td><td>水利部</td></tr>
<tr><td>农业病、虫、鼠等农作物灾害</td><td>农业部</td></tr>
<tr><td>林业病、虫、鼠、火等森林灾害</td><td>国家林业局</td></tr>
<tr><td>风暴雨、海啸、海浪、海冰、赤潮等海洋灾害</td><td>国家海洋局</td></tr>
<tr><td>滑坡、泥石流、崩塌等地质灾害</td><td>国土资源部</td></tr>
<tr><td>地震、火山等深层地质灾害</td><td>中国地震局</td></tr>
</table>

资料来源：张乃平、夏东海：《自然灾害应急管理》，中国经济出版社 2009 年版。

从灾害综合管理的角度看，在中央政府层面，我国还没有列入国务院组成部门的灾难治理领导机构，地方上也缺乏统一的灾难治理管理机构。现行的应急管理主要分行业、分部门进行，实行传统的以“条”为主的单灾种防御体系，其优点是专业救灾能力较强，但条块分割、各自为战，不利于有效的沟通与合作及社会资源的应急整合，也难以应对并发灾害及其产生的复杂后果。[①] 从档案灾害管理的专业角度看，档案专业部门的灾害防治组织体系

① 周宝砚：《发达国家灾难治理基本经验及其启示：以英国、美国、日本为例》，《风险管理》2010 年第 4 期，第 24 页。

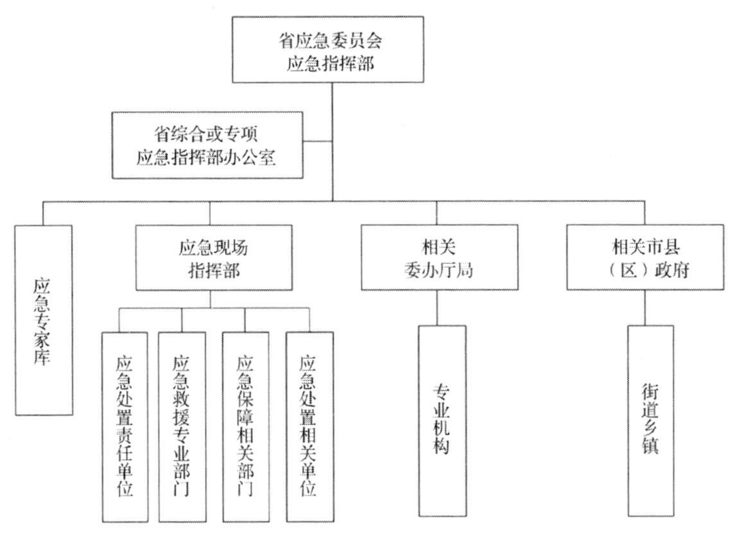

图 3—1　地方应急管理组织体系示意图

资料来源：张乃平、夏东海：《自然灾害应急管理》，中国经济出版社 2009 年版。

并没有完整地建立起来：首先，没有成立专门的档案灾害应急管理机构，档案部门的灾害防治工作主要在各级政府应急部门的指导下进行，全国档案部门的防灾减灾工作缺乏专业性、技术性统筹协调。由于各档案局（馆）未设置专门的安全科室，自然灾害发生时，往往会紧急成立临时性机构来应对灾害发生后的各种工作，如成立救灾办公室、抗灾指挥部等，紧锣密鼓地开展一阵工作，危机过后人员各自回归原单位；其次，地方档案保管机构的应急处置工作任务分散于各个科室，其人员编制和职位配置五花八门、分散凌乱。其带来的后果是，关于档案安全工作，大家都有责任，但其实也就是大部分人都没有责任，其后果可想而知。[①] 档案防灾减灾组织保障的缺失是一个亟须解决的问题。

① 张迎春：《档案安全保障体系研究》，硕士学位论文安徽大学，2011 年，第 25 页。

（二）档案防灾减灾法律体系尚不健全

自然灾害防治法制建设就是依法开展灾害防治工作，使自然灾害防治工作逐步走向规范化、制度化和法制化轨道。我国自然灾害的应急立法采取了针对不同种类灾害分别立法的模式，如针对洪水灾害的《防洪法》、针对气象灾害的《气象法》、针对地震灾害的《防震减灾法》等；针对信息系统的灾难恢复，有国家标准《信息系统灾难恢复规范》（GB/T20988-2007）；而2007年《中华人民共和国突发事件应对法》的制订实施则标志着我国自然灾害应对的法制建设又迈进了一大步。在档案专业领域，国际档案理事会1997年出版了《档案馆灾害预防指南》。但直到汶川地震发生前，国内还没有一个规范的标准用于指导我国档案部门的防灾减灾工作，而仅仅以《档案法》中有关档案安全方面的条文指导档案安全建设工作。2008年汶川地震发生后，为了总结抗震救灾中得到的经验教训，提高各级档案部门的防灾备灾能力，国家档案局根据《档案法》、《突发事件应对法》及有关法律、规章，于2008年8月发布《档案工作突发事件应急处置管理办法》，同时组织有关人员着手编制《档案馆防治灾害工作指南》，于2009年12月发布并执行。依照《档案工作突发事件应急处置管理办法》的要求，各级档案部门建立健全档案应急预案制度，我国档案部门的防灾减灾工作开始走向法制轨道。然而，我们清醒地认识到，我国档案防灾减灾法律体系尚不健全，还有待进一步完善：第一，国家层面的综合性防灾减灾法律法规建设还处于起步阶段，致使防灾减灾领域中许多需要法律调整的关系无法可依，政策和行政手段在很大程度上代替了法律手段；第二，现有自然灾害应急立法所涵盖的领域还不全面，如关于气象灾害就只有《气象法》有较简单的规定，像对我国东部沿海地区影响较大的台风灾害等还没有专门的应急立法①；第三，现

① 傅思明：《突发事件应对法与政府危机管理》，知识产权出版社2008年版，第115页。

阶段我国《档案法》中关于档案安全保护方面的条文偏少，档案部门防灾减灾法规规章尚不健全，如缺乏有关档案信息系统灾难恢复和备份的专门政策法规，使档案防灾减灾缺乏法律的有力保护；第四，应急预案制度体系总体上还比较粗糙，可操作性不强；第五，档案自然灾害防治标准体系建设不足，使档案自然灾害的预防、预警系统构建以及受灾档案的抢救等工作缺乏相应的标准要求和办法与程序规定。

三、经费投入长期不足

目前我国由财政预算安排的灾害救济支出只占国家财政支出计划的一小部分，国家财政用于灾害损失的补偿程度比较低。在档案部门，档案安全保障经费主要来自三个方面：一是国家档案局、财政部下拨的重点档案抢救经费；二是国家发展和改革委员会拨付的档案馆建设补助资金。自2010年以来，国家发改委每年都对纳入规划的中西部地区县级综合档案建设进行中央预算内投资，至2013年共投资计划项目765个，下达中央资金27亿元[①]；三是省财政厅拨付的档案安全经费[②]。相对于我国日新月异的档案事业发展速度而言，这些资金实属杯水车薪。而且，从我国多数基层档案馆的情况看，经费问题并不乐观，在常规办公经费尚无保障的情况之下，鲜有档案馆会将灾备经费纳入自己的财政预算中。课题组在调研中发现，75%的县级综合档案馆没有设立灾害应急专项工作经费，资金欠缺成为阻碍我国基层档案馆灾害应急管理的关键因素。

① 杨冬权：《在全国档案局长馆长会议上的讲话》，《中国档案》2014年第1期，第22页。

② 张迎春：《档案安全保障体系研究》，硕士学位论文安徽大学，2011年，第12页。

四、旧馆建筑及硬件配备抵御灾害能力低

档案馆是党和国家的科学文化事业机构，是永久保管档案的基地，是科学研究和各方面工作利用档案史料的中心。“档案馆的基本任务是在维护党和国家历史真实面貌的前提下，集中统一地管理党和国家的档案及有关资料，维护档案的完整与安全，积极提供利用，为社会主义现代化建设服务。”(《档案馆工作通则》(国档发〔1983〕14号)) 档案馆建筑等硬件设施是保管和保护档案最为重要的防线，是防止各种灾害对档案造成损害的主要屏障。在我国，由于地域辽阔、经济发展不平衡，各地的档案馆建筑及硬件配备在防灾抗灾功能上差别显著。经济发达地区档案馆及省市一级档案馆由于得到较为充分的资金保障和政府、社会的高度重视，在建设过程中注重实现建筑的防灾抗灾功能，并配备了较为高端的灾害防治专用设备甚至是智能化消防系统。而我国中西部地区由于经济发展较为滞后，许多建设于20世纪80年代的县级综合档案馆的建设标准过低，在选址、馆舍规划、建筑结构等方面均不合理，达不到《档案馆建筑设计规范》、《档案馆建设标准》的要求，存在馆库面积狭小、设施设备不足、档案不能正常接收进馆等问题，更不能满足国家综合档案馆“五位一体”的新型功能需求。为了解决中西部地区县级综合档案馆馆库面积不达标、档案保管保护利用条件落后的问题，切实提高县级档案馆库防灾抗灾的能力，保障国家档案文化资源的安全，2010年10月，国家发改委与国家档案局共同组织实施了覆盖我国中西部地区25个省/市/自治区、共2066个县级综合档案馆的《中西部地区县级综合档案馆建设项目规划》，成为我国档案事业史上一件具有划时代意义的大事。它从根本上解决了制约中西部地区县级档案馆事业发展的瓶颈问题，更为这些地区的县级综合档案馆增强抗灾能力提供了保障。总体而言，已经新建的县级综合档案馆的建筑及硬件配备注重实现防灾抗灾功能，为自然灾害的预防和应对树立了坚固的防线；而大多数仍在使用的旧馆的建筑、装具及消防设施

抵御自然灾害的能力低，存在较大的被自然灾害破坏的隐患。经调研发现，截至2015年2月，西南三省399个县级综合档案馆中有114个已经完成新馆建设并搬入新馆办公，除去其他10余个在2000年以后由地方政府投资建设的新馆，剩余的近275个县级综合档案馆仍在主要建于20世纪80年代的旧馆中办工。

（一）多数旧馆建筑选址时未考虑避险防灾

这些仍在使用的旧馆主要建于20世纪80年代，由于建设年代久远，未能全面按照《档案馆建筑设计规范》和《档案馆建设标准》的要求进行选址和设计，在选址时主要考虑满足交通便利的要求，而未考虑本县的地理环境、气候条件，加上受当时的技术条件限制，未进行地质勘测，未做地质灾害评估。处于地震活动带的地区，档案馆馆址的选择未请有关部门进行地震安全性评价，建筑设计时未能遵循有关部门要求的防震标准；处于地质灾害常发地带的档案馆，对建筑地段未进行地质勘探和分析，而把档案馆建在了滑坡、沉陷和泥石流等地质灾害易发地段，[①] 有的档案馆甚至建在两座大山的脚下，横跨在一条大水沟上，存在被泥石流冲毁的隐患；经常发生洪灾的地区，档案馆反而建在城市地势较低或临近河道、排水沟的地带，或者当时建馆时选址是符合要求的，但在后来的城市发展过程中，由于城镇建设标高调整，馆舍周围地面提升，致使馆库处在低洼地带，排水不畅，小雨时经常积水，大雨时经常受灾；还有的档案馆紧邻居民区和学校，存在较大的火灾隐患。

① 胡红霞:《档案馆自然灾害防治工作存在的问题分析》,《兰台世界》2012年2月，第3页。

（二）多数旧馆未严格遵守建筑设计规范

主要表现在：(1) 一些档案馆未进行抗震设计或抗震设防烈度定得低。我国《档案馆建筑设计规范》制订于2000年，多数在这之前建成的档案馆由于无规制可循，加上防震意识不强，因此并未进行抗震设计。还有一些县级综合档案馆虽进行了抗震设计，但抗震设防烈度定得低，因而也难以抵御地震的袭击。根据宏观的地震影响和破坏现象，我国把地震烈度设置为12级，其中1—5度是无感（只能仪器记录）至有感的地震，6度有轻微损坏，7度以上为房屋受到破坏、地面出现裂缝，9度以上房屋受到严重破坏甚至坍塌，地表自然环境受到破坏，11度以上则为毁灭性地震。在2008年汶川地震中，一些重灾区的地震烈度达到11度，而受灾最严重的6个重灾区中，有4个地区的抗震设防烈度仅为6度，其余2个地区则仅为7度[①]——当地建筑物的抗震能力远远无法达到抵御此次地震的要求，以致倒塌的建筑物令人触目惊心。(2) 一些档案馆库在建设时未采取顶层隔热、防漏及底层防潮、防水措施，致使顶层因隔热或漏雨问题不能使用、一层库房长年潮湿或多次遭水淹也无法使用的问题；还有一些档案馆底层没有处理好墙体基脚的排水渗透问题，导致地下水渗透到一楼库房。(3) 一些档案馆无消防通道、消防栓和消防设施。课题组在实地调研中发现，一些仍在使用的旧馆只有手提式干粉灭火器一种消防设施，无法满足消防需求。(4) 防雷装置方面，一些传统的档案馆建筑使用避雷针等设施进行避雷，但随着现代档案管理和开发利用方式的演进，计算机、现代通信设备被大量使用，而电子计算机等电子设备耐受过电压、过电流的能力相对较低，电子集成电路制造技术及暴露在室外的网络传输线路都难以经受雷电强烈冲击的破坏，因而，传统的避雷设施已无法满足现代网络设备、通信设备的防雷要求。(5) 一些档案馆的建筑结

① 葛清、王小乔等：《抗震设防标准需重新制订——专家评解汶川地震大量房屋倒塌原因》，《南方周末》2008年5月29日。

构为砖混结构，楼面使用材料是预制板，房屋质量差，在凝冻、暴雨等极端气候条件下，导致馆舍屋顶和墙体多处开裂、渗水；库房载重能力低，楼面均布活荷载达不到 5 千牛 / 平方米，更没有达到采用密集架不应小于 12 千牛 / 平方米的标准，不能承受安装密集架；一些档案馆由于建设经费不足，未能按原设计图纸进行施工建设，多处擅自更改原设计图纸进行施工，以致工程完工后至今不能进行竣工验收。

（三）旧馆主要使用固定架和封闭式箱柜为档案装具

经调研发现，旧馆主要使用单柱或双柱固定架，或者搭配使用了铁质和木质的封闭式箱柜；极个别旧馆在近几年新配置了电动密集架。封闭式箱柜一般为木质或铁质，有的是整体式箱柜，有的是组合式箱柜。组合式箱柜由单个箱子层层叠放而成，其优点是能有效地防止灰尘和其他有害物的入侵，而且方便搬运和移动；缺点是造价成本高昂，占用库房面积，存储容量小；铁皮箱柜耐高温性能低，难以抵御火灾产生的高温高热，难以有效保护档案安全；木质箱柜则缺点更明显，一旦发生地震或火灾，所有木质箱柜要么散架倒地，碾为碎片，使档案散乱破损，要么引火自焚，使档案受损加巨。相较于封闭式箱柜，固定架具有结构简单适用的优点，但在自然灾害中档案容易坠落散架，造成混乱。

（四）多数旧馆缺乏应急救灾的物资保障

经调研发现，旧馆中多数只安装了手提式灭火器或消火栓等单种消防设施，无法满足消防需求，甚至还有一些档案馆无消防通道、消防栓和消防设施。由于缺乏充足的装备和物资，这些档案馆在自然灾害中很难发挥其应有的应急救援能力，难以保护自然灾害中的档案安全。

五、档案数字化工作进展缓慢且发展不平衡

档案馆的档案数字化工作主要指馆藏档案的数字化。馆藏档案数字化是指利用计算机技术、扫描技术、图形图像处理技术、数据库技术等把各种载体的馆藏档案转化为数字化档案，以数字化的形式存储，以网络化的形式互联，采用计算机系统进行管理，借助于档案数字化技术平台，实现快速检索与利用，从而实现资源共享。① 馆藏档案经过数字化处理后，可以节省档案存贮空间，缓解库房紧张的压力，减少档案原件的磨损，充分发挥档案的作用，实现档案信息资源共享。从档案馆灾害防治层面来看，馆藏档案数字化后，由于载体的体积缩小和重量减轻，有利于在抗灾中得到快速转移和抢救；在现有经济技术条件下，档案数字化的对象具有选择性，主要为珍贵档案、特色档案、高利用率档案，灾害来临时，这些重要档案容易得到安全抢救；此外，档案数字化是档案异地备份的基础，而档案异地备份是档案馆应对突发重大灾害、保证档案安全的有效措施。可见，馆藏档案数字化对档案馆灾害防治工作具有重大意义。

顺应时代要求和档案事业发展的需要，国家档案行政主管部门对档案数字化工作十分重视，出台了一系列政策标准。“十五”期间，国家档案局在《全国档案事业发展“十五”计划》和《全国档案信息化建设实施纲要》中，规定了档案数字化工作的发展要求，提出推进档案数字化进程的分阶段目标，并制订出台了《明清档案目录中心数据采集标准明清档案机读目录数据交换格式》、《纸质档案数字化技术规范》等行业标准；“十一五”期间，国家档案局先后制订实施了《缩微胶片数字化技术规范》、《数字档案信息输出到缩微胶片上的技术规范》、《数字档案馆建设指南》等行业标准，这些

① 张丽梅：《馆藏档案数字化的技术策略探析》，硕士学位论文黑龙江大学，2009 年，第 5 页。

标准规范覆盖了档案数字化工作的全部流程。在档案行政主管部门一系列政策标准的引领和规范下，我国档案数字化工作发展迅速，档案数字化规模不断扩大，档案数字化技术日渐成熟，档案数字化加工市场正在逐渐形成。然而，从全国范围看，档案数字化工作在不同的地区进展程度不一，差别较大。发达地区以及省市级档案部门的档案数字化工作开展得较早，已基本实现目录级及部分馆藏档案的数字化工作。但县级地区档案部门的档案数字化工作多数起步较晚，有的刚起步，有的还未起步。尤其是基层及落后地区的档案馆，由于经费投入不足、人才欠缺以及对数字化工作存在“畏难”心理，使得档案数字化程度不高甚至仅仅停留在计划、设想阶段。调查发现，目前，西部地区绝大多数县级档案馆还处于档案目录数据库建设阶段，文档资料本身并没有数字化，仍以纸质形式存在，其管理、查询与利用仍然主要依靠传统的人工手动的方法，工作水平较低。即使有部分档案馆针对本馆的民生档案和珍贵历史档案进行了扫描加工，其所占馆藏的比例也是极低的，而且这项工作也仅仅在市级及以上档案馆中正在开展，绝大多数县级档案馆尚未开展或仅在筹备实施之中。有的县级档案馆连案卷级目录数据库尚未开始建设，档案全文数字化更是一片空白。

（一）数字化经费不足

绝大多数开展数字化工作的基层档案馆没有专项资金支持，只能用一些临时申请的资金进行建设，工作的延续性和配套性较差，甚至有的基层档案馆受经费的限制，至今无法开展数字化工作。我们在实地调研中发现，有的县级档案馆为建新馆已使地方财政投入了大笔经费，如果还要依靠有限的地方财政来解决数字化经费问题的话，不知要等多少年才能实现。我们在云南省某县档案馆的实地调研中了解到，5 年前该县财政部门给县档案馆投资了 3 万元进行数字化建设，档案馆利用这笔钱对馆藏的极小一部分档案进行了数字化，至今再也没有得到过县财政的相关投入。四川省某县档案馆聘请了一名大学生对馆藏重点档案和民生档案进行扫描录入了10%左右之后，多次申请县财政的数字化经费支持而未果，数字化工作只好就此搁浅。而对于旧馆来说，由于经费投入不足，数字化设施设备老旧、缺乏的问题仍然非常突出，比如：扫描仪老旧，扫描图片不清晰，一些大的工程图纸没办法扫描；没有很好的识别软件；缺乏音频视频采集设备和编辑设备；没有数据备份设备；网络及安全设备缺乏；等等。而基层档案馆没有经费对这些老化的设备进行更新或重新购置，更缺乏相关的技术人员对所需要软件进行升级或对系统进行调适，因而造成档案数字化所需的软硬件无法跟上工作需要的问题。

（二）数字化人才缺乏

档案数字化工作需要通过计算机输入设备、扫描设备、图形处理设备、音频视频处理设备等把档案信息内容如实完整地录入计算机系统，只有能熟练操作这些设备、使用相关系统软件的人员才能胜任。同时，档案数字化工作是在档案原件的基础上进行操作的，它要求在如实转录档案信息内容的同时又要维护档案的安全、完整，只有具备档案专业基础知识的人员才能胜任这项工作。因此，档案数字化要求工作人员既要掌握档案管理专业基础知识又要具备较高的计算机能力。我们对调查问卷进行统计后发现，在县级综合档案馆，档案管理相关专业毕业的职工所占比例不到10%，其中，一半以上县级馆中档案管理相关专业毕业的职工所占比例为0。而且，这些县级档案馆工作人员中的绝大多数既非档案专业毕业，也不具备相关的计算机能力和信息处理能力，更没有机会参加档案数字化工作的相关培训，因而缺乏档案数字化工作所要求的相关技能。而且，县级档案馆人员编制一般为6—10人左右，人员编制偏少，而档案馆工作量由于馆藏量的逐年增加和普通民众档案利用需求的增长而日益增强，加上国家规定近5年各单位人员编制只能减不能增，因而导致县级档案馆无法设置专门的工作人员来进行档案数字化工作。现在有的档案馆把馆藏数字化工作外包给别的单位来做，但往往容易出现漏扫、不清晰、规范性不统一等问题，这是由于这些承包单位的工作人员缺乏档案专业基础知识所致。因而，人才的缺乏成为制约基层档案馆实施档案数字化工程的一大瓶颈。

（三）对数字化工作存在“畏难”心理

我们在调研中发现，一些经济基础好、有条件进行数字化工作的基层综合档案馆在馆藏档案数字化工作方面和欠发达县的一样，处于刚刚开始阶段甚至有的还未开始进行；而一些经济欠发达的县级综合档案馆的数字化工作却进展迅速。导致这种现象的原因，我们认为主要是数字化工作未引起基层档案馆的重视，而且这些档案馆还对数字化工作存在“畏难”心理，主要表现在：第一，在2013年国家档案局提出用15年左右的时间使县以上各级国家档案馆基本建成数字档案馆和县直机关以上档案室传统载体档案基本数字化的目标任务之前，各地档案行政部门并没有制订出台档案数字化建设的相关具体目标和要求，由于统一规划的缺失而使得数字化工作在多数县级档案馆处于不被重视、可做可不做的状态；第二，对档案数字化工作存在“畏难”情绪。一些县级档案馆认为数字化工作一需要专门人才、二需要大量经费、三由于涉及安全保密等因素而变得复杂化，因此对之抱有“畏难”情绪，不敢痛下决心花大力气来做这项工作，而在观望等待或按部就班中先做些小规模的条目的著录工作。

六、档案异质异地备份工作多数未实际开展

档案异质异地备份是指为避免档案遭受火灾、地震等不可抗力因素的破坏，而采取将档案数据备份存储在远离事故可能发生地的一种安全措

施，它是最基础的容灾备份机制，是化解档案安全潜在威胁的极为有效的措施。[①]2009年3月，德国科隆市档案馆突然坍塌，由于该馆档案没有进行数字化备份，导致了相当数量的档案资料彻底损毁，“损失了摆放在总计18公里长档案架上的德国历史”。[②]鉴于自然灾害频发给档案安全构成的严重威胁，国家档案局审时度势，要求各级国家档案馆通过建立异地备份库等形式，对本级重要档案及电子文件实行异地备份，对重要的电子文件实行异质备份，并要求副省级城市以上档案馆争取在2012年年底前完成这项工作。按照国家档案局的部署，副省级城市以上档案馆正积极推进重要档案异地备份工作，并取得实质性进展。目前，各省、计划单列市、副省级市档案馆已全部结对，互为对方提供档案备份库房。与此同时，有的省为全省各地档案馆进行集中备份，有的省引导本省各地档案馆互为对方异地备份。据悉，全国不少地市级档案馆也正在积极开展前期的准备工作和结对联系工作。[③]然而，目前馆际间多为签署档案异地备份工作协议，具体工作大多并未展开，而区县级档案馆的档案异地备份工作基本没有进行，也即并没有把本馆重要档案和电子文件备份到签署了协议的对方档案馆。我们于2014年4月对云南、贵州、四川、吉林、甘肃、浙江、江西、广东等省份的55个县市级档案馆的自然灾害防治工作进行调查，发现其中有38个馆没有开展档案异地备份工作，比例高达70%。当前在档案异地备份实践中，仍然存在诸多难题。

① 刘春波、韩晓颖：《从德国科隆城市档案馆坍塌谈档案数据异地备份》，《黑龙江档案》2009年第2期，第29页。

② 李琦：《国内外档案信息灾害备份研究现状分析》，《城建档案》2011年第5期，第23—24页。

③ 国家档案局：《重要档案异地备份制度确保档案安全》，《中国档案报》2011年3月24日。

（一）资金投入不足

关于档案异质异地备份的资金来源，相关档案行政部门提出了各级档案馆应“向地方党委、政府积极争取政策扶持和资金支持”的要求，但在实际执行过程中，虽也有一些档案馆争取到了地方政府资金支持的案例，但对于绝大多数县级综合档案馆来说，资金短缺仍是现实存在的难题。在我们进行的问卷调查中，67.3%的县级综合档案馆认为档案异地备份的主要困难在于经费投入不足，81.3%的县级综合档案馆希望当地政府帮助解决资金短缺难题。而对于经济欠发达的中西部地区地方政府来说，他们为地方档案馆的新馆建设已经或将要投入高达几百万元的配套资金，因而在档案异质异地备份工作方面，中西部地区县级档案馆难以争取到地方政府的资金支持。

（二）缺乏统一设计和规划

对于市县级综合档案馆的异质异地备份工作，国家档案局把指导权交由各省档案局，“地级、县级档案馆的异地备份工作由省级档案行政管理部门确定”①。为确保该工作的顺利开展，一些省级档案行政部门成立了专门的机构来组织全省综合档案馆开展备份工作，并开始建设省级档案异地备份库。对于省内各级综合档案馆的异质异地备份工作，省级档案行政部门提出了州市级综合档案馆互相备份并鼓励与外省综合档案馆相互备份的要求，并要求各州市对本辖区内的县（市、区）级综合档案馆的异质异地备份情况进行统计，督促县（市、区）级综合档案馆签订备份协议。但是对于备份地点的选择、实际备份工作的开展没有统一设计规程，也未进行时间限定，只是提议“有多少数据就备份多少数据”，因而导致多数县级综合档案馆的异质异地备份工作没有实际开展，已经开始实施的档案馆则没有实现这项工作的常

---

① 国家档案局：《档案馆防治灾害工作指南》，中国档案出版社2010年版。

态化。

（三）数字化工作缓慢影响备份开展

档案异质异地备份的内容主要为馆藏重要档案，兼及一部分从档案室接收进馆的电子文件，由于档案全文数字化工作进展缓慢，导致异地备份工作至今无法开展。

（四）人员编制有限影响备份开展

在中西部地区县级综合档案馆中，大多数新馆正在进行馆库的后续软硬件建设并准备开始数字档案馆建设，而旧馆正在为早日纳入中西部地区县级综合档案馆建设项目及数字档案馆建设做准备，在有限的人员编制条件下，他们确实无暇顾及档案异地备份工作。

七、应急预案多数缺乏针对本馆实际的相关规定且缺乏演练

应急预案又称应急计划，是针对可能的突发事件，为保证迅速、有序、有效地开展应急与行动、降低事故损失而预先制订的有关计划方案。① 它是在辨识和评估潜在的重大危险、事件类型、发生的可能性及发展过程、事件后果及影响严重程度的基础上，对应急机构与职责、人员、技术、装备、设施（备）、物资、救援行动及其指挥与协调等方面预先作出的具体安排。②

① 张乃平、夏东海:《自然灾害应急管理》，中国经济出版社 2009 年版，第 34 页。

② 刘铁民:《突发公共事件应急预案编制与管理》，《中国应急管理》2007 年第 1 期，第 23 页。

凡事预则立，不预则废。应急预案是应对突发事件的行动纲领，是成功处置各类突发事件的前提和基础。应急预案的制订和演练有利于增强训练的针对性、掌握应急行动的主动权，是有效预防和应对各种突发事件，保护馆藏档案、档案馆建筑、档案工作人员和档案利用者安全的重要举措。国家档案局、中央档案馆 2008 年发布的《档案工作突发事件应急处置管理办法》中规定："各级档案行政管理部门、各级国家档案馆、中央和国家机关档案部门应建立严格的突发事件防范和应急处置责任制，制订相关工作预案，切实履行各自职责，保证突发事件应急处置工作有序进行。""突发事件应急处置预案应向当地党委和政府、有关主管机关和上级档案行政管理部门备案。"在《中华人民共和国档案法》、《国家突发公共事件总体应急预案》、《档案工作突发事件应急处置管理办法》以及有关地方法规的指导下，各档案馆都制订了应急预案，以预防和处理解决各类突发事件，保证档案资源的安全。从整个预案体系建设来说，基本达到"纵向到底"的目标，即应急预案已真正落实到了基层，各级、各类档案馆（室）都制订了各自的应急预案。我们于 2014 年 4 月所调查的全国 55 个县、市级档案馆就全部制订了应急预案。然而，从总体上来说，目前我国各级档案保管机构制订的应急预案内容比较笼统、空洞，加上缺乏基本的应急演练，使得应急预案的可行性、有效性较差，具体表现为：

（一）预案内容缺乏针对本馆实际的相关规定

课题组在调研中发现，档案馆虽已基本制订突发事件应急预案，而且预案内容比较全面系统，然而，由于缺乏针对本馆馆藏内容及布局实际的相关规定，因而使得各馆的应急预案差别不大，除了指挥领导小组的人员名字及其联系电话不同之外，许多档案馆的应急预案内容几乎完全一致，从而在实际操作中失去针对性和实效性。并且，各档案馆制订的应急预案大多属于综合性的，并没有针对当地经常出现或可能出现的不同自然灾害编制相应的应急预案，也没有制订专门针对档案信息系统灾害的应急预案，应急措施过于笼统，当自然灾害真正降临的时候，档案部门往往显得措手不及或是束手无策，应急预案成为一纸摆设。

（二）多数应急预案缺乏演练

公安部 2001 年发布的《机关、团体、企业、事业单位消防安全管理规定》中，要求各级单位根据预案每半年或一年进行一次演练，并通过演练发现预案存在的不足，以对其进行完善。作为消防安全重点单位，各级档案馆基本都制订了消防安全应急处置预案并按要求进行消防演练，因而我们在课题调研及新闻报道中经常可以看某某档案馆进行消防演练的信息。然而，我们也发现，档案馆针对自然灾害应急预案展开的演练非常少，多数县级档案馆只是为了应付上级行政部门或地方政府部门的检查而制订各种应急预案，用于交差的应急预案制订出来后便被束之高阁。由于缺乏演练，档案馆无法对其制订出来的应急预案进行科学性、可行性、实效性方面的实践检验；而上级档案行政部门或地方政府部门只是关心各档案馆“有没有”应急预案，并没有建立评估各应急预案“好不好”的相关机制，缺乏对于各应急预案进行演练的相关要求。

八、相关部门应急救灾协作欠佳

突发性自然灾害与水土流失、海平面上升等缓发性自然灾害不同，它具有突发性强、破坏性大和成因复杂的特点，需要档案馆作出全面迅速的反应。国外档案机构在应对重大突发性自然灾害的过程中，在抗灾救灾领导小组的统一部署和安排下开展自救的同时，还会积极主动寻求公安、消防、交通、卫生等抗灾救灾专业机构或其他部门的协助和支持，最大限度减少受灾范围。在我国，有些地方虽成立了由政府牵头、公安机关负责、各有关力量参加的公共抢险救援组织，并组织了指挥、通信、消防、救护、治安、抢险等专门小组，在各级档案馆应急预案中也明确规定了“有关部门各司其职，密切配合，协调联动”的要求，但由于多种原因，一旦发生重大突发性事件，也难以形成工作合力：

（一）缺乏与专业救援队伍的协同训练和演练

由于缺少必要的协同训练和演练，档案馆应急指挥小组和各抢险救援队伍之间缺乏信息沟通与协调的渠道，影响了应急抢救整体合力的发挥。由于平时疏于联络、来往不勤，在发生重大自然灾害，尤其是地标建筑被毁，专业救援队伍进入受灾区后，由于对档案馆整体馆藏布局和消防设备的摆放位置不熟悉，在应急抢险过程中反而容易造成混乱，贻误救灾时间，影响救灾效果。

（二）缺乏与灾害预报部门的平时联络

由于缺乏与水利、气象、地震、地质等相关部门的平时联络，未建立专门的联络系统，在发生突发性自然灾害时，不能及时、迅速地与各相关部门取得联系，获取准确的灾害信息，影响救灾工作的开展。

（三）缺乏与其他科学文化事业机构的日常联系

图书馆、博物馆、文化遗产保护机构等科学文化事业机构可以协助受灾档案部门共同制订灾区受损档案的抢救方案、研究受损档案的修复技术和方法，提供人员、物资和技术方面的帮助，由于缺乏与这些机构的日常联系，影响了灾害应急抢救和受灾档案抢救修复的效果。

九、档案抢救修复技术人才缺乏

采用适当的受灾档案抢救修复技术，可以最大限度地减少灾害损失，甚至还可以恢复档案原来的样子。灾后档案抢救修复工作主要包括确定受灾档案的抢救方法和流程并采用相关修复技术与设备，具体包括挖掘清理、转移安置、除尘去污、消毒灭菌、祛湿干燥、修裱加固、字迹恢复、系统恢复、缩微复印、数字化处理、高标准仿真件的制作等。其中，有些工作技术性较强，涉及了现代干燥技术、消毒技术、造纸技术、统计学技术、计算机技术、信息技术和项目管理学技术等多个学科的技术，需要较长时间的学习才能掌握；有些工作则较为简单，通过短期培训就能达到工作要求。档案抢救修复工作需要熟练地掌握这些流程方法以及技术设备，才能最大限度地挽救受灾档案、减少灾害损失。同时，档案抢救修复工作需要不断地进行技术创新，以提高档案抢救修复工作的质量，为受灾档案的抢救修复工作提供保障。早在 1987 年，陕西省档案馆技术处的李玉虎就对“褪色档案字迹的恢复与保护”技术进行了研究，完成了一系列科研成果。他提出了各种档案字迹褪色与扩散机理以及恢复与保护机理，并成功研制了能使已褪色字迹重新恢复的 DH-B 型恢复剂，把它涂在褪色字迹上，可使字迹显示到接近原书写时的清晰度，然后再涂以 IB-E 型保护剂，便可长期保存。① 这一成果在 2008 年北川震损档案的抢救修复中也得到了运用，为北川档案的抢救修复工作提供了技术支持。2008 年汶川地震后，为抢救修复北川严重受损档案，四川省档案局、上海市档案局、山东省档案局的专家们日夜研究，最终和杭州一家企业共同研制开发了“多功能档案冷冻干燥灭菌器”，填补了国内规模化真空干燥处理档案的空白。这些新技术、新设备的发明和应用

① 解华波：《档案保护技术领域研究的重大突破——DH-B 型恢复剂诞生》，《档案学通讯》1987 年第 6 期，第 34 页。

为受灾档案的抢救修复工作提供了保障，大大减少了档案在自然灾害中的损失。

尽管在汶川地震中档案部门研发了一系列针对北川档案抢救、修复的专用技术、工艺和设备，如采用低温冷冻技术控制档案继续霉变水解、采用环氧乙烷混合气体对极度污染档案进行消毒灭菌等，然而，目前我国针对各类自然灾害的档案抢救修复技术还有待创新和提高，受灾档案抢救修复人才的教育培训工作需得到相关部门的重视。据调查，全国绝大多数县级档案馆没有配备完全胜任档案抢救修复工作的技术人才。[①]2008 年汶川地震档案抢救修复工作中，就暴露出大规模处理受灾档案实用技术以及专门修复人才匮乏，提示了加强技术储备、人才储备的重要性和紧迫性。[②] 目前我国档案保护技术专业教育中普遍缺乏档案自然灾害防治的课程或内容，导致在实际工作中许多档案专业毕业的工作者对灾害应对、管理知识以及档案文献灾害中保护知识知之甚少，当灾害真的来临时感到不知所措。又由于档案部门疏于对身处档案安全保护工作第一线的人员进行培训教育，使得档案工作人员防范和应对自然灾害的意识、能力不强。这些问题需引起档案行政主管部门、档案保管机构以及相关档案教育机构的高度重视，应采取措施加大档案抢救修复技术人才的培养力度，为档案的安全保护提供智力保障。

---

① 毛惠芳：《预警应急抢救——档案灾害管理体系的构建》，硕士学位论文安徽大学，2010 年，第 22 页。

② 王良城：《〈档案馆防治灾害工作指南〉的编制及有关思考》，《北京档案》2010 年第 7 期，第 12 页。

第三章　发达国家档案自然灾害防治及其启示

当今世界，地球变异，生态恶化，导致自然灾害频发且破坏力逐渐加大，对于肩负维护历史真实面貌之重任的档案部门来说，自然灾害防治工作，任重而道远。发达国家如美国和日本，在档案自然灾害防治过程中，经过长期探索，积累了丰富的经验。美国三面临海，东临大西洋，西临太平洋，南面为墨西哥湾，大量的水汽经常向美国大陆汇集；而美国中部以广阔的平原为主，使得南北方气流可以直接汇合，从而产生强大的气旋。特殊的地理位置和地形条件使得美国飓风灾害频仍，给包括档案部门在内的全国各个行业带来了巨大损失。而日本由于地处太平洋板块与亚欧板块交界处，板块之间经常碰撞挤压，使得地震灾害频发，档案部门在灾害中遭受的损失巨大。面对频繁发生的自然灾害，美国、日本等发达国家的档案部门依托国家雄厚的经济基础以及全球领先的科技实力，建立了一流的自然灾害防治体系，取得了较为显著的成效，并在长期的灾害防治实践中提高了危机防范意识。深入分析并总结美国、日本等发达国家档案部门自然灾害防治的举措，对于提升我国档案自然灾害防治水平和能力是不无裨益的。

一、美国的档案自然灾害防治

（一）美国档案自然灾害防治的演变

美国的档案应急计划最早出现于20世纪80年代，它们由专业人员制订，内容包括了灾前准备、灾时应对和灾后恢复等阶段，非常完整。应急计划中还提出了定期组织演习、定期更新计划、进行现场记录及评估抢救结果等具体的要求。这些应急计划在实际工作中还得到了一定重视，如俄克拉荷马州还设立了专门机构来指导州内各类档案机构制订此类计划，一些档案讲习班也将之作为专题进行讲授[①]。可见,20世纪80年代的美国档案部门就已经树立起高度的档案自然灾害防治意识。当然，这些计划是建立在美国先进的技术设备、通信条件和较高的社会分工基础之上的。此外，得力于先进技术设备的支持，美国从20世纪70年代中期就开始进行灾难备份，商业性文件中心联同灾难备份服务商为档案部门提供专业的有偿的灾备服务，使档案部门具备了充足的防灾和抗灾能力。

2001年美国“9·11”事件进一步强化了档案部门的防灾意识，它使包括档案部门在内的所有美国民众都懂得了灾难的来临永远猝不及防，必须随时做好防灾准备。美国档案部门开始将防灾热点转向信息系统灾备研究。美国国家标准和技术学会在2002年发布了多项指南，如《信息技术系统的应急计划指南》、《信息技术系统风险管理的指南》、《制订信息技术系统安全计划的指南》等。针对档案行业，美国各地方政府制订了重要文件异地存储标准或指南，如《纽约地方政府非现行文件异地存储指南》、《密西西比档案与历史部异地存储标准》等。在这些标准和指南中，都对异地存储的物理位置、建筑结构、安全等方面作出了具

① 方新德:《美国档案馆的“应急计划”》,《档案工作》1992年第1期，第41页。

体规定①。目前为止，美国的很多档案馆都拥有自己的灾备中心。不过，考虑到文件增长给灾备中心带来的压力以及降低成本的需要，他们会选择将最关键的文件自己灾备，而把不太关键的数据托管给文件中心或者商业性的灾备中心。美国档案灾难备份多采用外包模式，包括灾备服务的整体外包、租用第三方灾难备份设施、应急支援等多种形式，这样既可以节约成本又能够得到专业的服务②。另外，很多美国档案馆都会到保险公司投保，以减轻灾难给档案带来的损失，如美国 Presbyterian 学院档案馆就向 Travelers 保险公司购买了火灾和意外险③。

2005 年 8 月 29 日，卡特里娜飓风袭击美国，飓风加上其带来的洪水对密西西比州、新奥尔良州等地区造成大面积破坏。档案部门在这次灾害中损失惨重：密西西比州的 Waveland 市仅留下 50 卷 2005 年以前的档案，Pass Christian 市仅存 60 卷 2005 年以前的档案。灾难发生后，美国国家档案与文件署（NARA）作为国家级档案与文件的"第一保护者"，积极联合政府机构和相关部门，对受灾档案文件开展了接收、恢复和保存工作，如制订灾后应对计划、开设修复培训课程并组织专题研讨会等④。灾害过后，各州档案馆也相应地制订了本馆的灾难恢复计划等，如佛罗里达州图书馆与档案馆于 2008 年制订的《公共文件、档案馆和图书馆灾害恢复指导》、乔治亚州档案馆于 2005 年制订的《灾难预防计划》、Presbyterian 学院于 2007 年制订的《档案馆灾难预防计划》等。这次灾害事件使美国档案部门对自然灾害的防治趋向于针对性和具体化，开始了侧重于火灾、水灾等常见自然灾害的分类防治研究和行动，如美国 NARA 发布的《纸质材料灾害预防、管理与响

① 李琦：《国内外档案信息灾难备份研究现状分析》，《城建档案》2011 年第 5 期，第 23 页。

② 刘转平：《中美档案灾难备份工作比较研究》，《档案管理》2012 年第 3 期，第 70 页。

③ 杨安莲：《国外档案机构应对突发事件的主要做法及其借鉴意义》，《档案学通讯》2009 年第 1 期，第 73 页。

④ 宋冰梦译：《"第一保护者计划"——美国在飓风灾害中采取的档案应急管理措施》，《中国档案报》2012 年 8 月 30 日，第 003 版。

应概述》（*A Primer on disaster Preparedness Management and Response Paper-Based Materials*）中，制订者根据美国的地域特征，详细列出了灾害的种类，如火灾、飓风、龙卷风等。然后文章针对这些灾害对纸张可能产生的共同威胁——水，进行了探讨，包括水是如何影响纸质档案的耐久性、档案装具应具备的防水性能等。该文章提出修复水浸档案的具体工作环节，如将档案的装具与档案进行分离，档案中未被水浸渍部分与已浸渍部分的分离，对水淹档案的清理等[①]。

2012 年 10 月 29 日，飓风“桑迪”袭击美国纽约，造成严重损失。灾害发生后，纽约州档案馆及时在其官网上发布了预防档案文件受到破坏的指南，指出在灾害来临之前，应做好的各项防灾准备。同时，纽约州档案馆还为州立机构、当地政府部门和历史文件保管场所以及普通民众抢救受损档案文件提供了分类指导和建议[②]。这次灾害使美国档案部门的自然灾害防治工作更趋详细和具体，对预防和抢救措施的规定更具有针对性和可操作性。更重要的是，美国档案部门开始把提升全体公民的防灾意识和档案保护意识视为己任，对档案自然灾害预防和抢救工作进行广泛宣传和教育，鼓励全体公民积极参与到个人档案资料和国家档案资料的抢救与保护之中。

（二）美国档案自然灾害防治的经验

首先，建立完善的灾害管理体制。作为政府灾害管理计划的有机组成部分，美国档案部门的灾害应急计划都是在政府相关部门的领导之下制订。在美国，应对灾害的全国性统一领导机构是联邦应急署，灾害一旦发生，联邦应急署就成为全国救灾总指挥，档案部门必须在联邦应急署的统一调遣和安

① 张美芳：《档案馆危机预防评估研究与应用的国内外进展》，《北京档案》2012 年第 8 期，第 52 页。

② 杨太阳：《美国纽约州档案馆为档案文件防灾恢复支妙招儿》，《兰台世界》2012 年第 34 期，第 105 页。

排下完成救灾分工和部署[①]。

其次，突出自然灾害应对的具体性和针对性。美国由于幅员辽阔，自然灾害种类繁多，但其中还是以飓风、洪水最为频繁，对档案部门造成的损失也非常严重。因此，在美国档案部门制订的应急计划中，往往针对不同的灾害类型制订具体的预防措施，其中飓风灾害、洪水灾害是重点。美国国会图书馆 2008 年专门制订的《洪灾与水害的应对措施》指出：洪水是美国所有 50 个州都面临的最常见的自然灾害，特别是 1993 年和 2008 年发生在美国中西部的洪水，以及类似卡特里娜的飓风造成的水灾。因此，建筑、设备、人员训练等多方面的预防措施应当重点突出，以应对洪水这种最常见的灾害类型。而如前所述，美国 NARA 发布的《纸质材料灾害预防、管理与响应概述》中，就专门针对水灾对档案的影响与修复进行了探讨。

再次，积极寻求其他专业或机构的帮助与协作，把灾害影响减轻到最低程度。在遭受自然灾害后，档案部门会积极寻求图书部门、文物部门技术人员的帮助，解决受灾档案的抢救修复问题。美国的档案行政管理体制比较特殊，有的州实行档案馆图书馆一体化管理，有的州实行档案馆博物馆一体化管理，而有的州则实行档案馆、图书馆、博物馆一体化管理[②]。因此，在美国，档案的保护工作并不局限于档案部门，而是由档案馆、图书馆、博物馆合作进行，这样就能集中各个部门的优势，把自然灾害造成的损失减轻到最低程度。

最后，大力宣传档案抢救和保护，鼓励公民参与档案保护工作。美国档案部门在灾害应急管理工作中注重研究如何提升全体公民的防灾意识和档案保护意识。借助高度发达的信息技术，美国档案机构经常在其门户网站上为公民个人及组织机构提供应对灾害的指导信息和指南性材料。当某种具体灾害发生时，他们又会及时地在网站上面向社会组织和个人提供灾害应对的具

① 黄霄羽：《国外档案部门抗震防灾经验分析》，《中国档案》2008 年第 7 期，第 26 页。

② 张美芳：《取长补短——中美图书档案保护技术比较》，《档案与建设》2009 年第 8 期，第 11 页。

体措施、步骤和寻求帮助的途径方法。美国档案部门这种高度的社会责任意识及其频繁的防灾宣传指导行动促使本身就具有自我管理意识和保护意识的美国公民积极地投身于个人档案资料的安全管理工作中来。而当国家档案遭受灾害损失时，美国公民自然便有一种责任感或义务感促使其积极投身于档案的抢救与保护之中。

二、日本的档案自然灾害防治

（一）日本档案自然灾害防治的演变

20 世纪 80 年代以前，日本关于档案自然灾害防治的意识仅局限于酸性纸张的处理和缩微胶卷的保管环境问题。1976 年，日本全国历史资料保存利用机关联络协议会（简称“全史料协”）成立。作为一个行业性协作组织，全史料协以加强会员间的联系与协作、振兴日本档案史料保存与利用事业为目的，对推动日本档案事业的发展作出了重大的历史贡献。全史料协成立后，其成员开始推广档案史料遭火灾后的修复技术——真空冻结干燥技术。1989 年，日本全国性企业、行政机关文件管理的研究机构——日本记录管理学会成立后，开始引进欧美国家有关记录（Records）管理和文件（Documents）管理方面的英文文献，“防灾计划和修复”（Disaster Planning and Recovery）的概念为日本文书与档案界所认识。1994 年秋，国际档案理事会防灾委员会会议在日本召开，提高了日本档案界的自然灾害防治意识。然而，20 世纪 90 年代以前，日本档案部门虽然对自然灾害防治的必要性有所意识，但是对防灾对策的实施却缺乏具体考虑，因而对于档案自然灾害防治的认知还处于摇篮期①。

① 李虹：《日本档案界的防灾对策》，《档案与建设》2008 年第 10 期，第 26—28 页。

1995年1月17日，日本兵库县淡路岛北部发生7级大规模直下型地震，使灾区的档案馆遭到了很大损失。地震发生后，日本全史料协设置了灾害对策小委员会，开始探索系统的档案部门的防灾对策。1996年3月，《档案馆灾害对策指南》发布，从预防、应对、恢复三个阶段对档案馆灾害防治进行了详细介绍。1998年，在全史料协冲绳大会上印发了题为《档案库房的急救箱》的宣传册，并同时展示了实际使用于档案库房的、内置15种档案防灾急救用品的急救箱。1999年1月，全史料协在防灾研讨会上进行了一次点燃资料的模拟火灾试验。为抢救和保全受灾档案资料、促进灾后重建，日本各地以自然灾害的发生为契机，纷纷建立以抢救历史资料和文化遗产为宗旨的相关机构，如：1995年以大阪历史科学协议会、大阪历史学会、日本史研究会、京都民科历史部会为中心设立的历史资料保全情报网；2000年鸟取县因发生西部地震而成立的山阴历史资料网；2001年爱媛、广岛、山口县因发生芸予地震而成立的芸予地震受灾资料救援网；2003年宫城县因发生北部连续地震而设立的宫城历史资料保全网；2004年7月福井县因暴雨和洪水灾害而成立的福井史料网；2004年10月新潟县中部因发生地震而成立的以县内的档案馆员、物馆员、学校教师为主的新潟历史资料救援网。近年来，这些区域性资料网之间的松散联合正在形成。此外，日本国立公文书馆也采取了积极措施防治频繁发生的自然灾害，如：为档案原件制作了大量的缩微胶卷和彩色正相胶片等复制件；实行档案原件与复制件分开保管的制度；对馆藏档案实施数字化建设；制订了消防计划；积极开展国际档案援救活动。[①]可见，1995年阪神—淡路地震后，日本档案界采取了积极的应对措施，总结并改进自然灾害防治中存在的经验和不足，加强了对档案自然灾害的防范，此次地震成为日本档案界防灾救灾工作的转折点。

2011年3月11日，日本发生观测史上最大级规模的东北地方太平洋带地震，此次灾害中，包括现用、非现用在内的公文书受灾非常严重，有

① 李虹：《日本档案界的防灾对策》，《档案与建设》2008年第10期，第26—28页。

些地区连行政官署都被冲走了，以致无法确认受灾公文书的总数。地震发生后，日本国立公文书馆、全史料协、东北大学史料馆等相关机构积极开展了应对工作，这次地震成为继1995年阪神—淡路地震后日本公文书管理变革的又一次良机。地震发生后，日本国立公文书馆采取了一系列应对措施，如：对宫城县、福岛县、岩手县等受灾地区公文书馆的受灾情况进行实地调查和意见交换；派馆员参加由全史料协主办的“东日本大地震水损资料修复工程报告会”，并进行实地训练和受灾情况视察；派馆员参加志愿组织——东京文书救援队，一起赴岩手县，帮助进行受灾资料修复处置系统的导入和技能培训；在馆内设立东日本大地震复兴支援事业小组；设定财政方面的补贴预算，派遣馆员，无偿提供必要的器材和消耗品，着手进行修复工作。震灾发生后，全史料协就开始了对国内各机关会员受灾情况的调查并在网站上公布。另外，全史料协还向内阁总理大臣以及全国知事会等国家领导和政府部门提出受灾资料保全救援、震灾关联文书保存等要求，在其努力促成下，“档案史料修复”的相关规定被纳入了政府于同年6月公布的《东日本大地震复兴基本法》中。除文化厅、文部科学省所管辖的相关机构、全史料协、国立公文书馆等政府部门、学术团体、专业组织等外，民间研究者们也积极行动起来参与震后救援工作，由受灾地区的大学教员、研究生、本科生、史料保存机关职员、历史研究者等自愿者组成的历史资料网络组织同当地受灾部门一道，联手进行档案资料的保全活动。同时，民与官协力，采用水损资料真空冻结干燥法，对受灾档案资料进行及时处置和抢救。

（二）日本档案自然灾害防治的经验

第一，树立高度警醒的自然灾害防治意识。日本是一个饱受自然灾害侵袭之苦的国家，为更好地应对各种灾害，日本政府和人民极为重视灾害管理教育工作，并注重防灾宣传和演练。每年的9月1日是日本国民的“防灾日”，这天，全国各地方、各部门都要举行防灾演习。[①] 通过长期的教育、宣传和演练，自然灾害防范意识已深入到每个组织和个人的内心，并转化为自觉的防灾行动。

第二，认真做好档案资料的日常保护工作。日本东北大学史料馆在2011年的地震受灾经历表明，盒装的档案资料不易从书架上掉落也不易于散乱。因此，在档案资料的日常管理工作中，应该采用合适的档案装具或其它措施避免档案资料在自然灾害中的坠落和散乱。同时，可以用厚的中性纸把那些破损严重的公文书包起来进行保管，这种包装纸可以有效防止簿册散乱，其吸水性强的特点还可以减少水损的作用。

第三，优先抢救和修复重点档案。在受灾资料太多而修复人员和设备不足的情况下，档案管理员应当紧急对受灾档案的历史资料价值进行判断，选择优先抢修的部分是很有必要的。很多国家档案馆都把最重要档案集中保存在特定库房和装具，一旦出现险情或灾情，档案部门就会在第一时间抢救重点档案。比如，有的城市处于易发森林大火的地区，时常面临疏散的可能。因此，可以将档案文件储存在一个有明显标志的档案柜中，这个柜子很容易被转移到安全的地方。档案柜中存放的是市民及市政府开展工作所需要的档案文件，如法令和会议记录原件、许可证、互助协议、租约、地役权、雇员记录、机动车所有权、设施和应急管理系统文件、财务文件等。将重要档案文件存放在容易识别、有明显标志的柜子里，有利于消防人员、大楼爆破人员和其他救灾人员及时发现，也能帮助城市、部门尽快恢复运转。

第四，注重对灾害记录的收集、保存与公开。档案的作用就是能留下必要的记录并适当地提供信息，在数十年甚至于数百年才一遇的大灾害发生时能够发挥作用才是这些档案的存在意义。2011年，地震研究、防灾政策制订等工作经验十分丰富的地震多发大国日本发生了几乎完全没有预知的大地震。地震过后，工作人员在国立公文书馆的藏书《日本三代实录》中，发现

① 朱凤岚:《日本的突发灾害危机管理及其启示》,《华夏时报》2008年5月17日。

有距今一千年以前的869年，在同一地区曾发生过大地震和大海啸的记录，这成为当地灾后恢复重建的一个重要依据。在自然灾害发生后，政府需要档案文件来恢复秩序，相关部门需要档案文件来恢复或继续运转，个人需要档案文件来重建生活。正如美国密西西比州档案馆馆长朱莉娅·马克思·杨在2009年召开的国际档案理事东亚地区分会青岛研讨会的报告中指出的："为什么要保护档案文件？因为档案文件很重要。档案文件可以保护生命。档案文件可以保护财产。档案文件在灾后的恢复重建和业务恢复过程中发挥着至关重要的作用。"

三、对我国档案自然灾害防治的启示

我国由于地域辽阔、地理条件复杂、气候变化多样，洪水、飓风、地震、滑坡、泥石流等自然灾害频发且破坏力日趋加大。2008年的汶川大地震以及2010年的青海玉树地震和甘肃舟曲泥石流都使档案工作遭受重创。总结、借鉴美国、日本等发达国家的档案自然灾害防治经验，可以提高我国的档案自然灾害防治能力，以最大限度保护国家档案文献安全。

（一）高度警醒的防灾意识是灾害防治的基本前提

频繁发生的自然灾害以及多年的防灾抗灾经历强化了日本、美国等国家的档案工作人员及社会公众的防灾意识。相比而言，我国许多档案工作人员对自然灾害引起档案受损以及会给人类社会造成无法挽回的损失认识不深，而一些社会公众也缺乏对档案安全保护的意识。大家的一般想法是，自然灾害有可能会发生，但它就像买彩票一样，有极大可能是永远也不会发生在自己的身上。这种想法极大地削弱了档案部门及社会公众的防灾意识。发达国家提高档案工作人员和社会公众的防灾意识的做法带给我们的启示是：

第一，通过对档案自然灾害的危害性进行广泛宣传，来提高广大档案工作人员和社会公众的防灾意识。如：举办知识性讲座；通过网络、电视、电话、广播、手机短信等方式向档案管理工作人员及社会公众播报或发送已发生的档案自然灾害案例视频、画册、资料及讯息；印发档案自然灾害相关手册；等等。对于社会公众，还需要进行档案安全保护意义的宣传，强化“世界记忆工程”和“中国档案文献遗产工程”的宣传力度，使广大公民了解国家档案保护的基本精神，提高全民族的遗产保护意识，带动国家档案安全保护意识的提升①。

第二，通过组织学习，来强化档案自然灾害的防范意识。各级档案部门要经常组织学习《中华人民共和国防震减灾法》、《防洪法》、《地质灾害防治条例》等自然灾害应急管理法律法规，努力掌握档案防震、防洪、防地质灾害的相关知识。

第三，加强全员教育和培训，在档案系统大力弘扬爱岗敬业精神，树立“安全问题人人有责”的思想。使所有档案工作人员充分认识到防灾减灾、保护档案安全的重要性和自身所在的岗位职责，以做好本职工作的实际行动，积极投身于档案自然灾害防治工作之中，使每位档案工作者和每个档案工作岗位都成为保护档案安全的一根桩或一道墙，而不是成为妨害档案安全的一个引信或一个漏洞②。

第四，做好日常预防工作，树立档案自然灾害防范意识。档案保管机构可针对本单位的周围环境开展日常的巡查工作，做好巡查记录。定期检测馆内各种设施设备运行、供电线路等是否存在隐患，并且及时处理排除险情。对档案管理工作人员加强安全用电、安全操作设备的宣传教育工作，要求各工作人员会使用灭火器、报警设施及相关安全保障设施。做好各方面信息的

---

① 毛惠芳：《预警应急抢救——档案灾害管理体系的构建》，硕士学位论文安徽大学，2010年，第34页。

② 杨冬权：《在全国档案安全体系建设工作会议上的讲话》，《档案学研究》2010年第3期，第8页。

收集工作，针对可能发生的灾害进行分析，并对档案的安全状况进行风险评估。树立高度的灾害警醒意识，密切关注各信息指数的变化情况，出现灾情，及时通知各部门人员，组织实施抢救。

第五，强化管理，责任到人，树立档案自然灾害责任意识。按照属地管理的原则，明确地方政府、各级档案行政管理部门在自然灾害防治工作中的主要领导责任，把自然灾害防治工作摆在更加突出的位置；明确各级、各类档案保管部门自然灾害防治工作领导小组的直接领导责任，对自然灾害的预防、预警、应急和抢救进行统一指挥、统一调度；明确相关职能部门的分管责任，听从指挥、坚守岗位。对落实责任不力、工作疏忽造成严重后果的，要追究责任、严肃处理。

（二）健全的组织机构和法律法规是灾害防治的基本保障

自然灾害的瞬间突发性要求在最短的时间内调度救灾资源，形成合力，及时迅速地应对灾害。美日等发达国家都设立了从中央到地方较为完备的灾害治理机构并有明确的职责分工，其完善的灾害治理体制为灾害的迅速应对提供了组织保障。而在我国，从灾害综合管理的角度看，在中央政府层面，我国还没有列入国务院组成部门的灾难治理领导机构，地方上也缺乏统一的灾难治理管理机构，现行的应急管理主要分行业、分部门进行，实行传统的以“条”为主的单灾种防御体系。从档案灾害管理的专业角度看，档案专业部门的灾害防治组织体系并没有完整地建立起来，没有成立专门的档案灾害应急管理机构，档案部门的灾害防治工作主要在各级政府应急部门的指导下进行，全国档案部门的防灾减灾工作缺乏专业性、技术性统筹协调，地方档案保管机构的应急处置工作任务则分散于各个科室。档案自然灾害防治常设组织机构的缺失不利于灾害预防和应急中的有效沟通与合作，难以对社会资源进行有效的应急整合，也难以应对并发灾害及其产生的复杂后果。

从发达国家灾害防治经验中可以看出，灾害治理除了有完备的组织机构外，还应当有法可依。发达国家既有分门别类的专业治灾防灾法，也有综合性治灾防灾法，这为应对各种灾害提供了较为坚实的法律基础。我国自然灾害的应急立法采取了针对不同种类灾害分别立法的模式，然而其所涵盖的领域还不全面。档案部门的防灾减灾工作虽从2008年汶川地震后开始逐步走向法制轨道，然而档案部门防灾减灾法律法规尚不健全，如《档案法》中关于档案安全保护方面的条文偏少、缺乏有关档案信息系统灾难恢复和备份的专门政策法规等，使得档案防灾减灾缺乏法律的有力保护。

（三）充分细致的防灾准备是降低灾害损失的必要条件

虽然自然灾害的发生具有突发性，但也并非只能听之任之。世界各国档案自然灾害应对实践证明，灾害预防工作做得越扎实、越全面，对自然灾害的应对就越有成效。在防灾准备工作中，我国亟须加强以下几个方面：

第一，针对不同的自然灾害制订相应的应急预案，并加强预案的演练，确保应急预案的科学性、可行性和有效性。目前我国各级、各类档案馆（室）都制订了应急预案，但从总体上来说，预案的内容比较笼统，针对性不强；许多档案保管机构制订应急预案的目的仅仅在于应付上级检查，用于交差的应急预案制订出来后便被束之高阁，由于缺乏基本的应急演练，使得应急预案的可行性、有效性较差。为保证预案的可行性，应急措施设置要多方面考虑各种实际的、具体的、复杂的情况，既要制订综合性的应急预案，又要针对不同类型的档案灾害采取不同的有效措施，还要制订专门针对档案信息系统灾害恢复的预案措施，这样才能保证应急预案体系的健全及其内容的针对性和可行性。应急预案制订出来以后，还要定期进行演练，通过演练，可以不断提高管理人员、应急救援人员的指挥水平和专业技能，同时还可以发现问题，以便及时修订，使预案更趋完善，当灾害发生时，能更有效地进行应对。

第二，做好档案的价值判断和分类保管工作，确保自然灾害中重点档案得到优先抢救和修复。一旦灾害发生，优先抢救和修复最重要档案已成为国外档案部门共识。很多国家档案馆都把最重要档案集中保存在特定库房和装具内，一旦出现险情或灾情，档案部门就会在第一时间抢救重点档案。如：2011 年 1 月，澳大利亚昆士兰州持续遭受暴雨袭击，发生严重水灾。澳大利亚国家档案馆提出了按以下顺序抢救档案文件的建议：(1) 老照片，如 19 世纪 50 年代前的黑白照片；(2) 带有涂层的书籍和邮票，这类纸上的物质遇水就变得黏稠；(3) 磁质媒介档案，如音频、视频和磁带；(4) 用可溶媒介书写的档案，如水彩手绘地图、红墨水签字、手写注释的地图；(5) 本来就已很脆弱的档案，如此前已长有霉菌的档案；(6) 手工装订的书；(7) 现代照相材料，如彩色、黑白印刷品；(8) 纸质文件；(9) 普通纸书籍；(10) 影印纸参考资料①。

第三，加速推进档案异地备份工作。随着社会信息化进程的整体推进，信息技术手段在档案领域的应用越来越广泛，大量数字化档案随之产生。自然灾害除了对纸质档案等实体造成危害之外，也会对档案信息系统造成破坏，威胁档案馆的数据安全。目前，国外大多机构已把重要业务数据进行异地保存以降低灾害侵袭造成的风险，并形成了较为完善的档案异地备份制度，拥有了先进的核心灾备技术和管理体系。我国档案行政管理部门应加强研究，统一标准，解决档案异地备份在实践中存在的标准不统一、技术难点多等问题，以推动档案异地备份工作的顺利进行。

第四，加强档案馆基础设施建设，从档案馆选址、建筑、装具等方面构筑坚固的防灾屏障。档案馆建筑等硬件设施是保管和保护档案最为重要的防线，是防止各种灾害对档案造成损害的主要屏障。发达国家档案保管部门非常注重建筑和装具的防灾功能建设，如美国盐湖城档案馆、日本国立公文书馆等都建有地下库房，以提高抗震防灾效果，保护档案安全。大英图

① 杨太阳译：《澳大利亚国家档案馆为抢救水灾中受损档案支招儿》，《中国档案报》2011 年第 2 期。

书馆新建的 Boston Spa 书库采用巨型集合密集架，实行自动化管理。其库房全部处于密封缺氧环境，库房温湿度分别为 16±1℃，52±5% RH，氧气含量 15%，氮气含量 85%，使得库房的防火能力强，在缺氧环境下，即使喷火器也很难引发可蔓延的燃烧。[①] 在我国，由于地域辽阔、经济发展不平衡，各地的档案馆建筑及硬件配备在防灾抗灾功能上差别显著。应加大投入，加强档案馆基础设施建设，构筑坚固的档案自然灾害防御屏障。

（四）多元的救灾参与主体是灾害救治的力量源泉

虽然政府作为公共服务的提供者、公共政策的制订者、公共事务的管理者以及公共权力的行使者的角色使其在救灾中承担着义不容辞的责任，但随着当今社会各种自然灾害频发，单靠政府力量进行救灾已显得力不从心，因此，多元的救灾参与主体成为社会发展的必然要求。在档案自然灾害应急和受灾档案抢救修复工作中，需要协调联系图书馆、博物馆、情报所等科学文化事业机构，以整合人员、技术、物资等资源，研究灾区受损档案文献的修复技术、方法；需要联系档案信息系统软硬件服务商、网络运营商等，以便在灾难期间和之后执行关键活动，为档案信息系统功能的恢复和还原提供技术保障；需要动员社会上的各种援助力量，包括非营利组织和志愿者，共同做好自然灾害应急中的档案安全保护工作。

（五）及时的灾后经验总结是提升灾害防治能力的重要途径

每次灾害事件过后，美日等发达国家都对救灾经验和教训进行及时总结，并切实采取措施加以改进，这大大提升了其应对灾害的水平和能力。受

---

① 黄丽华、赵鹏等：《新环境下的英国档案保护技术工作》，《中国档案报》2012 年 3 月 15 日。

灾档案抢救修复经验教训的总结主要从灾害应急反应的时间与速度、抢救方案实施的效果、人力资源的配备与协调分工、抢救修复的技术设备使用等方面进行，综合分析档案部门在自然灾害应急指挥、应急保障、应急预案、基础设施设备等方面存在的不足之处，并全面、系统地进行修正和改进，以进一步加强档案灾害应急抢救体系建设。同时，通过经验总结，可以强化危机意识，借助自然灾害事件这一契机，加大对自然灾害预警与应急的宣传教育力度，把日常管理和灾害条件下的紧急应对进行有效的衔接。此外，灾害过后，还应及时收集整理救灾过程中的纪实资料，为相关部门各级领导应对灾害提供决策服务、为灾后重建提供有效服务、为有关部门预防灾害发生提供原始依据。

第四章　我国档案自然灾害防治的总体思路

一、明确档案自然灾害防治的指导思想

结合档案自然灾害防治的要求和目标，本文提出我国档案自然灾害防治的指导思想是：坚持以《中华人民共和国档案法》、《中华人民共和国突发事件应对法》、《档案工作突发事件应急处置管理办法》等法律法规为指导；遵循“统一领导、分级负责，以防为主、防治结合，以人为本、档案优先，快速反应、高效处置，主体多元、互助合作，科技保障、技术创新”的基本原则；以预防与预警、应急与抢救为档案自然灾害防治的主要内容；健全档案自然灾害防治组织体系，完善档案自然灾害防治法规建设；全面提高档案部门防灾备灾、应急处置和恢复重建的能力，确保档案自然灾害防治工作高效、有序进行，最大限度地减少灾害损失。

二、坚持档案自然灾害防治的基本原则

《档案工作突发事件应急处置管理办法》中规定：“突发事件应急处置工

作应贯彻统一领导、分级负责、及时反应、果断决策、合作互助的原则。”根据自然灾害的特点，结合我国档案部门灾害应对工作的实践，本文提出我国档案自然灾害防治应遵循“统一领导、分级负责，以防为主、防治结合，以人为本、档案优先，快速反应、高效处置，主体多元、互助合作，科技保障、技术创新”的基本原则，构建起完善的档案安全保护体系，以切实保障档案自然灾害防治的有效性。

（一）统一领导，分级负责

档案自然灾害防治工作首先应坚持统一领导、分级负责的原则，即档案自然灾害防治工作要在国家政府部门的统一领导下，由各级档案行政部门统一、分级规划协调，各档案保管机构在当地政府和档案行政部门的领导指挥、规划协调下积极主动做好档案自然灾害的防治工作。

自然灾害应急管理强调政府的主导地位，这在每个国家都是达成共识的。目前，我国的应急管理组织体系已基本建成，它包括中央、省、市、县四级政府应急管理机构。在自然灾害应急管理中发挥了统一领导与指挥防灾减灾工作、综合协调各种力量和资源的作用。各级党委政府要确实保障国家档案资源的安全，这是法律赋予它们的职责。应将档案自然灾害应急管理纳入政府部门防灾减灾的总体范畴，建立“政府主导、部门联动”的防灾减灾领导组织体系，为档案自然灾害防治工作提供宏观指导以及组织、经费等保障。

同时，由于我国实行分类管理的自然灾害应急管理体制，现行自然灾害应急管理主要分行业、分部门进行，如在国家民政部下属的救灾司和国家减灾中心是负责全国性的灾害工作的机构，中国气象局下设预测减灾司，中国地震局下设监测预报司、震灾应急救援司，这些部门开展工作的侧重点各不相同，因此，国家档案局在自然灾害的应对上应承担义不容辞的责任。作为国家最高档案行政管理部门，国家档案局应该承担起全国档案自然灾害防治总规划、总协调的职责，各省、市、县级档案行政部门分级、分属地负责管理、协调档案自然灾害应对工作。各级档案行政部门均接受国家档案局的统一规划和协调，并且逐级向下有监督指导的权利和义务。各级档案保管机构根据自身馆藏条件以及所处地理环境条件，积极主动做好档案自然灾害防治的各项工作。由此形成统一领导、分级负责、协调高效、点面结合的档案自然灾害防治体系。这种高度集中的灾害防治系统有利于实现资源的整合，形成应急管理的合力，确保档案自然灾害应急管理工作的高效、有序进行。

（二）以防为主，防治结合

判断一个国家防灾减灾工作的好坏，注重灾前预防还是灾后补救是重要的评判标准之一。减灾的关键是“预防”，预防的质量决定了救灾的质量。而从原则上来说，任何复制品都无法替代档案这种不可再生的信息资源。并且档案一旦遭到损坏，要恢复原貌就很困难，将造成无法挽回的损失。因此，要保护自然灾害中档案的安全，必须做好预防与治理工作，预防工作更是重中之重。这就要求各级档案行政部门以及各类档案保管机构要加强自然灾害防治宣传工作，树立档案自然灾害风险意识、防范意识和责任意识，把灾害预防作为档案安全工作的中心环节和主要任务；健全档案自然灾害预警机制，完善各种防范自然灾害的预案，各项预防措施贯彻落实到位，档案自然灾害的基础设施、预案、应急和保障准备妥当；坚持预防与应急相结合、常态与非常态相结合，把应对自然灾害的各项防治工作落实在日常管理之中，制订和完善档案安全管理相关制度，对各项安全防范措施的落实情况定期进行排查，杜绝安全隐患，实现平时预防与突发应急的有机统一；加强档案自然灾害应急管理的培训力度，对相关工作人员定期进行培训，科学合理地开展应急演练，确保实际操作中万无一失，提高应对自然灾害的紧急处置能力；密切本部门应急救援队伍与政府部门专业应急救援队伍的联系，深化合作，联合培训与演练，增强协同配合应急的能力；构建完善的科学决策体系、防灾救灾体系和恢复重建体系，争取做到一旦发现，及时报告，有效控制，尽早解决，最大限度地降低自然灾害给档案安全造成的损失。

（三）以人为本，档案优先

科学发展观的基本价值取向是“以人为本”，以人为本在档案自然灾害应对中，就是要以档案工作人员以及档案利用者的生命安全为本。档案保管机构作为服务性机构，其职责就是保管档案信息资源并为社会提供利用，落脚点在于服务民众，因此更要以人为本。在档案自然灾害预防中，应提高档案馆建筑的抗震防灾能力，馆内设置并显著标明安全撤离的通道、路线，保证安全通道、出口的畅通；预警、应急救援的设备、设施应配备到位，并保障正常运转和使用；灾情一旦发生，应及时疏散馆库内人员，并保证抢救者的生命安全。救援人员应坚持以自身安全为主抢救财物为辅的原则，做好自身保护工作的准备，手套、衣物的选择都应具有保护性，此外，面罩、眼睛护具等也非常必要，以免有危险性的材料气体威胁自身安全；在灾害发生过后，应重视对人员的生命、生活的救助及心理的关爱和生理的治疗。

“档案优先”是指在自然灾害中，当档案安全和财产损失二者不能兼顾时，灾害紧急处置的首要选择应是保障档案的安全，在确保人员安全的前提下，将灾害对档案的损害和影响控制在最小范围。灾害可能会使民众失去亲爱的家人和友人，失去一直生活的城市和家乡，然而，受灾民众想从残砖破瓦中找出来的不是存折也不是金银首饰，而是家族的照片、日记、毕业证书、信等充满回忆的东西。当失去一切时，为获得活下去的希望，人们寻求的心灵支撑就是记录着每个人的人生或是证实自我同一性的这些档案。档案真实地记录了历史发展的轨迹，在人类社会的生存发展、历史文化的传承中起着重要的基础作用。档案的损毁意味着个人历史的无迹可寻、人类历史文化传承的中断。因此，优先抢救档案、保证档案安全是档案自然灾害防治中要坚持的一项基本原则。

“以人为本、档案优先”原则是档案自然灾害防治中的重要原则，这两者是相互协调、不相冲突的，档案部门所有的自然灾害应对工作都应该围绕这两个落脚点来开展。

（四）快速反应，高效处置

自然灾害具有瞬间突发性，如果得不到有效及时的控制，可能会造成不该有的损失。救援界有一个共识，在地震等地质灾害发生后的72小时内，灾民的存活率极高，因此被称为“黄金72小时”。而在此之后，随着时间的流逝，灾民的存活率逐渐减少：第一天（即24小时内），获救人员90%左右可以存活；第二天，存活率在50%—60%；第三天，存活率在20%—30%。因此，在以往世界各地的大地震中，最有效的救援方式是在72小时以内实施国际化救援。而对于档案资源来说，由于其载体脆弱，易受损伤，如水浸档案若得不到及时干燥或冷冻，一般在48小时内会产生霉菌，气温高的情况下霉变会更快。因此，能够快速高效地控制住事态的发展，在档案自然灾害的应对中也非常重要。这就要求各级档案部门要对现有资源进行充分整合、有效利用，并且凝心聚力，形成统一指挥、行动有力、有序高效的应急管理体制。同时，加强与当地政府防灾应急指挥机构、地震、防汛、防疫、气象、水务、电力、公安、消防等有关部门的协调沟通，创造各方配合、相互联动的良好外部条件，保证档案自然灾害应急的快速决策、处置得当，确保在第一时间保护人员、档案安全，最大限度地减少自然灾害对人员生命、档案信息的影响。

（五）主体多元，互助合作

在自然灾害应对的过程中，档案部门自身的力量是有限的，需要社会、政府等多方协助，组建协同作战的行动小组，将不同部门的力量和资源整合在一起，动员社会力量和争取外援，保障自然灾害防治工作的胜利。以自然灾害发生后的档案抢救修复工作为例，它不仅需要应急指挥小组和专家小组决定档案转移抢救的先后顺序，还需要行动小组的具体工作人员动手挖掘转移档案，更需要负责整理和修复档案的档案保护技术专家尽快对受灾档案进行处理，哪个环节出了错误都会导致抢救工作受影响。更多情况下，档案部门在自然灾害发生后，还需要相关机构的联动配合和救援支援，如由消防、公安系统提供专业救援力量，由通信系统提供通信网络保障，由气象部门提供连续性灾害信息，由图书馆、博物馆等提供档案修复技术、设备、专家支持，由信息技术部门提供档案信息系统灾难恢复的技术支持，等等。在受灾档案抢救修复过程中，国际间的救援互助能对减少灾害损失起到非常重要的效果。2004 年 12 月，印度尼西亚苏门答腊岛北部发生 8.7 级强烈地震并引发东南亚海啸，给当地档案馆带来了巨大损失。印度尼西亚国家档案馆向日本求助，日本于次年 1 月成立了“苏门答腊岛大地震及海啸受灾文化遗产救援五人委员会”，成员包括日本国家档案馆理事、庆应义塾大学教授高山正等。该委员会的主要职责是提供人员、资金、技术、设备援助，帮助抢救、修复受灾档案。[①] 汶川大地震中，全社会都参与到抗震救灾的工作中来，国际社会也相继予以支援，充分体现了自然灾害应对中互助合作的重要力量和作用。

（六）科技支撑，技术创新

现代档案管理越来越依赖各种科学技术以及现代化设备，在档案自然灾害防治工作中，档案部门应适应现代档案管理的需求，充分利用现代化的科技手段，提高档案自然灾害防治技术、设备的科技含量，如：使用现代档案馆建筑结构设计和材料；配备现代档案装具；加强档案数字化、档案异地备

① 李虹：《日本档案界的防灾对策》，《档案与建设》2008 年第 10 期，第 28 页。

份工作的技术研究；构建灵敏、准确、高效的档案自然灾害预警系统；加强受灾档案修复、修补、复制新技术、新设备的开发研究，特别是针对实物、声像、光盘数据等档案的抢救与保护技术的开发研究，逐步提升抢救修复档案的科技手段，以科技进步强力支撑防灾减灾工作。随着经济建设的发展，各级政府应加大科技支撑档案自然灾害防治方面的财政投入，对档案科研工作给予财力保障，并在各级档案管理部门配备科技含量相对较高的设施设备，以备急用。这些应列入每年的政府财政预算，根据财政收入的增加而递增，以经费投入保障科学技术创新，以更好地提高自然灾害中档案安全保护的能力。

目前，许多灾后档案抢救工作的实践证明，我国档案保护技术的发展现状距档案抢救修复的实际技术需求还相差甚远，有专家提出鼓励成立专门的档案应急抢救修复有偿服务机构为受灾档案抢救提供专业技术支持的做法，包括档案冷冻、祛湿、杀虫、除菌、整理、修复等。国家档案行政部门应鼓励社会成立这种专业机构，并在专业上给予适当的规划和指导，同时，档案部门应与这些专业机构建立一种应急的联系机制，以便灾害发生时，这些专业机构能及时赶往灾区，协助档案部门进行档案抢救和灾后重建工作①。

三、把握档案自然灾害防治的主要内容

档案自然灾害防治强调档案系统整个生命周期的安全防护，基于给定安全策略的预防、预警、应急、抢救构成的是一个完整的、动态的档案生命安全周期，如图所示：

① 陈竞亚：《北川档案抢救工作的启示》，《中国档案》2008 年第 11 期，第 21 页。

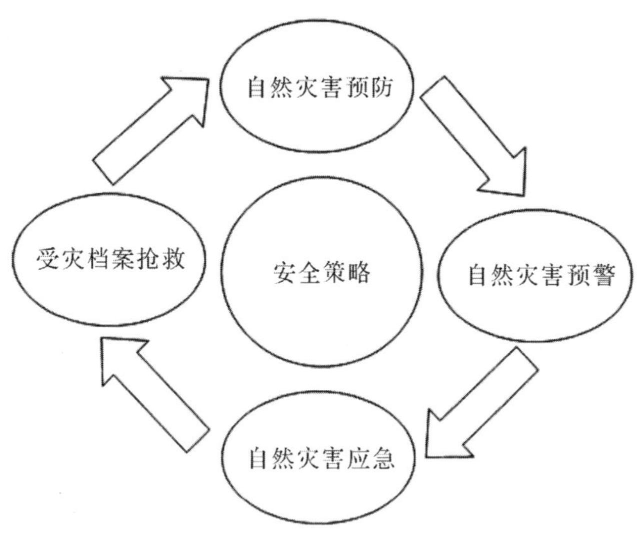

图 5—1　档案自然灾害防治的主要内容

（一）预防与预警

档案自然灾害预防主要是在灾害未发生时和灾害发生前所做的预防工作，采用一切可以利用的手段来防止或减少自然灾害对档案的损害，是档案自然灾害防治的基础性工作。其主要内容包括进一步强化档案自然灾害风险意识、防范意识和责任意识；多方位筹措灾害防治专项工作经费；提高档案馆建筑及硬件设施的防灾能力；推进馆藏档案数字化工作；促进档案异地备份工作；制订和完善重大自然灾害应急预案。我国档案自然灾害应对实践证明，灾害预防工作做得越扎实、越全面，对自然灾害的应对就越有成效。基于目前我国档案安全保护意识有待提高、旧馆建筑及硬件配备抵御灾害能力低、许多基层及落后地区档案馆的档案数字化工作进展缓慢、档案异质异地备份工作多数未实际开展、应急预案多数缺乏针对本馆实际的相关规定且缺乏演练的现实，档案部门应提高自然灾害风险意识、防范意识和责任意识，切实解决灾害预防工作中存在的各种问题，做好档案自然灾害的日常性防范工作，为保障档案安全夯实基础。

档案自然灾害预警是指档案机构依托各种信息技术平台监测即将发生的自然灾害信息，对这些信息进行收集、分析和评估，并通过各种信息渠道及时对特定的目标人群发布警示信息，从而把自然灾害可能给档案部门造成的损失降至最低。其目标在于及时准确地发布基于对各种自然现象实时监测并进行了科学数据分析的预警信息，并将这些信息及时发送给相关政府部门、档案部门和特定人群，以确保相关部门能够根据所发布的预警信息采取更加及时有效的减灾行动。档案自然灾害预警系统由预警信息收集系统、预警信息分析系统、预警决策制订系统和预警信息发布系统组成。

预防和预警作为档案自然灾害“防”的阶段，都属于档案灾害管理工作中的前端控制部分，其主要任务在于对自然灾害进行防范，其主要功能是防止或延迟灾害的发生，减轻档案自然灾害发生时所造成的损失，保障档案安全。我国档案安全工作的基本原则是“以防为主，防治结合”，这也决定了档案部门应该以预防和预警工作为重点，提高认识，加大投入，采取有效的防范措施降低自然灾害对档案的损害。

（二）应急与抢救

档案自然灾害应急是在自然灾害发生后档案部门作出响应的处理过程，以阻止灾害对档案的进一步破坏并使损失降至最低。由于自然灾害突发性强、破坏性大，因此，对自然灾害的应急响应速度也是决定灾害防治效果的主要瓶颈之一。档案自然灾害应急工作涉及综合应急救援力量体系的构建、应急物资储备、应急通信和信息保障及应急技术支撑。其中，应急救援力量体系的构建遵循“以政府为主导、以档案部门为主体、协调相关部门应急合作、动员全社会参与救援”原则，为档案自然灾害应急抢救工作提供保障。

受灾档案抢救是保护档案安全的最后一道防线，是灾害发生后对受损档案进行抢救和修复的一项工作。受灾档案抢救的原则包括统一指挥，分级负责；部门联动，密切合作；保证重点，优先抢救；最小干预，保持原貌；技术创新，保证质量。其工作流程包括灾害损失评估与抢救方案制订、受灾档案抢救与修复、受灾档案抢救效果的评价与抢救经验的总结。其工作内容涉及了对受灾档案的除尘去污、消毒灭菌、祛湿干燥、修裱加固、字迹恢复以及对档案信息系统的灾难恢复，等等。在对受灾档案的抢救和修复工作中，各种新技术、新设备的开发和应用起到了重要的保障作用。

应急和抢救作为档案自然灾害"治"的阶段，都属于自然灾害发生后相关部门采取的行动措施，其主要目标在于最大限度减少自然灾害带来的破坏和影响，保护档案安全。

四、健全档案自然灾害防治的组织体系

（一）构建档案自然灾害防治组织体系

依据我国《档案法》的规定，我国实行"统一领导、分级管理"的集中式档案事业管理体制，全国档案工作在各级人民政府领导下，由各级档案行政管理机构统一、分级、分专业管理。我国档案自然灾害防治组织体系的构建遵循统一领导、分级管理的原则，从宏观和微观两个层面进行。

1. 宏观层面

档案自然灾害防治的宏观组织强调档案行政机构和政府相关部门的领导指导作用。档案行政部门是档案自然灾害防治的领导机构，各级、各类档案保管机构是档案自然灾害防治的主体单位，它们构成档案自然灾害防治的规划者和实施者。另外，各级政府的灾害应急管理部门主管区域内的自然灾害应急管理工作，掌握着应对自然灾害所需的资源，在档案自然灾害防治过程中也应该起到宏观指导作用。

我国的灾害应急管理体制分门别类，受此限制，灾害管理模式比较单

一，呈现出单灾种、分部门、分地区的特点。为打破条块分割、增强档案部门应对各种自然灾害的技术和资源调动能力、配合能力，作为最高档案行政机构的国家档案局应在全国档案自然灾害防治工作中发挥最高领导核心的作用，成立全国性档案自然灾害防治机构。该机构成员由档案保护技术专家以及国家档案局的相关工作人员组成，其主要任务在于制订自然灾害预防、应急及受灾档案抢救修复等方面的标准、规范及要求，并组织相关专家进行新技术、新设备、新标准的开发研究，为全国档案部门自然灾害防治工作提供标准规范和技术指导。

各省、州（市）和县级档案行政部门成立自然灾害防治办公室，接受国家档案局的统一领导，并且逐级对下具有监督指导的权利和义务。自然灾害防治办公室的主要任务在于根据其所在区域内的灾害情况和档案情况，积极研究制订自然灾害防治方针、方案和计划，并负责指导、监督区域内各档案保管机构的自然灾害预防、应急和抢救工作，在灾后恢复重建等工作中，积极统筹协调，争取多方支援，做好受灾档案部门的恢复重建及受灾档案资料的抢救修复工作。

各级、各类档案保管机构结合自身档案工作情况及周围工作环境情况，成立专门的档案安全保护工作办公室，设专人负责本馆档案的安全保护工作；同时，响应并落实国家和地方政府、档案行政部门发布的自然灾害防治的各项政策方针及具体方案，采取措施，严格按标准、要求做好自然灾害的预防和应急抢救工作。

2. 微观层面

档案自然灾害防治的微观组织强调各级、各类档案保管机构在自然灾害防治中的主观能动作用。作为永久保管档案资源的机构，各档案馆（室）处在防灾抗灾工作的第一线，其组织体系的构建显得尤其重要。其防灾抗灾组织机构一般可以分成领导小组、规划小组、应急行动小组和受灾档案抢救修复小组。

领导小组作为档案自然灾害防治工作的领导机构，应该由机构最高管理层成员出任组长，一般由馆长兼任。领导小组负责领导和决策档案自然灾害防治过程中的重大事宜，协调其余两个小组的行动及与外部相关机构的协作，保证灾难应对中的信息畅通。领导小组具体负责：自然灾害防治投入的预算审批；自然灾害防治策略的相关审批；自然灾害预警系统构建方案的审批；自然灾害应急抢救方案的审批和现场指导；灾害后档案系统恢复方案的审批。

规划小组属于自然灾害防治工作的中层机构，由各科室负责人组成。该机构负责在灾害未发生时或发生前分析自然灾害发生的趋势及对档案的可能影响面，根据分析结果提出灾害预防的准备措施，负责实施、构建预警系统并负责系统调试、制订档案应急预案并负责演练及更新，配备应急保障设施设备并负责平时维护，灾害后档案系统恢复方案的制订和实施。

应急行动小组包括应急行动领导小组和应急救援队伍，其中，应急行动领导小组由分管档案安全管理工作的政府领导、档案部门领导、实施应急抢救具体措施的负责人及档案保护技术专家组成；应急救援队伍则包括由公安、武警、消防等组成的专业应急救援队伍及档案工作人员组成的内部应急救援队伍。应急救援队伍应在应急行动领导小组的指挥下实施紧急救援工作。他们工作在抢险救灾的第一线，主要职责是及时向上级主管部门报告实时进展情况，安排落实具体的处置措施，提出合理化建议，并协调好与其他相关部门的工作。

受灾档案抢救修复小组负责受灾档案的抢救修复工作。其主要成员为档案保护技术专家，必要时还可以聘请图书馆、博物馆、文化遗产保护、信息技术开发研究等领域的专业人员或争取国际援助，由他们组成修复小组，以其高超的专业技术水平保障受损档案抢救修复的质量。受灾档案修复小组的主要工作在于：针对不同受灾情况制订不同的档案抢救方案；利用档案修复设备和各种技术，对受损档案实施除尘去污、消毒灭菌、祛湿干燥、修裱加固、字迹恢复等修复处理工作，并对部分档案进行数字化扫描；对档案信息系统实施数据和功能的恢复。在修复过程中，专家们应对各种修复技术方法及相关设备进行总结、研究和创新，以不断提高受损档案抢救修复的技术水平，减少自然灾害对档案造成的损失。

（二）加强档案自然灾害防治组织的管理

在构建档案自然灾害防治组织体系之后，还应制订岗位责任制、奖惩和责任追究制，以进一步理顺各单位、各部门以及工作人员的职责，做到合理分工、科学管理，为档案自然灾害防治组织体系的高效、有序运转提供制度保障。

1. 完善岗位责任制

档案部门在制订档案自然灾害防治工作相关政策规章和具体方案时，应根据各机构、各部门的职能，将任务分解到分管部门和个人，完善岗位责任制。

首先，要责任到单位。国家档案局应担负起总指挥、总设计师的重任，统筹规划、统一调度、组织协调、指导和监督各种自然灾害中的档案安全保护工作。各地区档案行政管理部门要负责辖区内防灾、救灾的统一组织协调工作，成立自然灾害防治办公室，指导自然灾害中的档案安全保护工作；各类档案保管机构要对馆藏档案的安全负全责，要与主管单位签订目标责任书，明确各自的职责。

其次，要责任到部门。各档案机构应立足于本单位的实际情况，了解各种自然灾害发生的可能，进一步厘清各部门职责，整合资源，针对可能发生的各种自然灾害，组成领导小组、规划小组、应急行动小组和抢救修复小组，明确各自分工，工作中要互相协作，并将任务层层落实到人。

最后，要责任到人。所有档案工作人员应充分认识到档案安全保护的重要性和自身所在岗位的职责，在灾难面前，切不可玩忽职守，以做好本职工作的实际行动，积极投身于档案自然灾害防治工作之中[①]。

2. 制订奖惩和责任追究制度

档案自然灾害防治工作还应制订奖罚分明的管理制度，以激励或约束各级政府、各级各类档案机构和全体档案工作人员及人民群众积极参与档案安全保护工作。要将抗灾救灾工作列入单位和个人的绩效考核范围，及时地对那些在抗灾、救灾过程中涌现的先进单位、先进个人进行表彰并给予奖励，对出色完成保护、抢救档案任务或提出有效建议、做好物资保障工作的事迹进行报道；对于那些表现不积极、不履行工作职责、玩忽职守、不听从安排而造成档案重大损失的单位或个人，视情节轻重以及造成后果的严重性给予相应的处罚，并要追究单位领导和相关个人的责任，对国家或集体利益造成重大损失、触犯法律的领导或个人要依法办理[②]。

五、完善档案自然灾害防治的法律体系

（一）修改完善档案自然灾害防治法律

依照我国《立法法》的规定，全国人民代表大会及其常委会制订法律，国务院制订行政法规，国务院各部委制订部门规章，地方人民代表大会及其常委会制订地方性法规，地方各级人民政府制订地方规章。从效力层次来看，法律的效力高于法规，法规的效力高于规章，法规的制订与实施要以法律为准绳，规章从属于法律和法规。

从国家层面来看，“我国目前已经制订涉及突发事件应对的法律 35 件、

① 戚红岩：《重大自然灾害中档案文献保护研究》，硕士学位论文湘潭大学，2011 年，第 26 页。

② 同上。

行政法规37件、部门规章55件，有关文件111件。”[①]《中华人民共和国宪法》（修正案）（2004 年 3 月）中原则性地规定了由于重大自然灾害、事故灾难、社会卫生事件、公共卫生事件等引起的紧急状态，奠定了灾害应急法制的宪法基础。《中华人民共和国突发事件应对法》（2007 年 8 月）中概括性地规定了灾害的预防与应急准备、监测与预警、应急处置与救援、事后恢复与重建等内容，标志着我国自然灾害应对的法制建设又迈进了一大步。然而，我国对灾害防治采取单项立法的模式，还缺乏国家层面的全国性灾害管理的基本法律。应对自然灾害频发、破坏性逐年加大的态势，迫切需要由全国人大制订综合的《灾害管理基本法》，以规范各级政府、组织、团体及个人在减灾工作中的责任和义务，对灾害管理的基本内容、基本原则、管理制度、管理组织等予以原则性规定，尤其是对有关灾害管理组织和灾害防御预算等方面作出规定。同时，国家还应做好自然灾害防治单项法的补充制订工作。目前，在自然灾害防治领域还缺少《台风防治法》以及除地震以外的其他地质灾害方面的法律。这些法律的缺失对档案自然灾害的防治造成无法可依的影响。

在《灾害管理基本法》等法律的规范指导下，建议全国人大对《档案法》中有关档案安全保护的条文进行修改和完善。《档案法》作为我国档案事业的根本大法，是国务院、国家档案局制订档案行政法规、部门规章的重要依据，也是我们目前已有的档案法规、规章的渊源，其重要地位不言而喻。然而，现阶段我国《档案法》中关于档案安全保护方面的条文偏少，只在第三章第十三条规定了各级各类档案保管机构应配置必要的设施、确保档案的安全。随着档案事业的发展、档案所处社会环境的变化以及档案安全体系建设要求的提出，《档案法》应根据形势变化进行相应调整，保证“档案安全在档案法律法规中不缺位、有地位”[②]，将“档案安全”作为单章专列，

① 张乃平、夏东海：《自然灾害应急管理》，中国经济出版社 2009 年版，第 52 页。

② 杨冬权：《在全国档案安全体系建设工作会议上的讲话》，《档案学研究》2010 年第 3 期，第 8 页。

明确档案安全保护的主体、职责、内容，并强调失职渎职行为的违法责任，“在档案安全问题上实行‘一票否决制’，从而使档案安全法规制度具有威慑力、震撼力、约束力，真正起到作用、发挥实效”[①]。以法律的纲领性、强制性特征来促进档案自然灾害防治法律的制订和实施，保障档案在自然灾害中得到安全保护。

（二）补充完善档案自然灾害防治法规规章

目前，我国已有的可以用来指导档案自然灾害防治的法规、规章有：财政部、国家档案局2006年联合发布的《国家重点档案抢救和保护补助费管理办法》；国家档案局、中央档案馆2008年颁发《档案工作突发事件应急处置管理办法》；国家档案局2009年制订发布的《档案馆防治灾害工作指南》。此外，还有各级地方人大制订的地方档案法规中关于档案机构职责和档案管理的规定，以及地方人民政府制订的关于档案抢救保护的地方性规章，都可以用来指导档案自然灾害防治工作。如2008年汶川地震以后，四川省人民政府出台了《北川羌族自治县县城地震灾害现场及同类灾害现场清理保护规定》（四川省人民政府令第224号），其中第十三条明确规定：“对清理出的各类档案资料造册登记，并运送到清理保护工作机构指定的地点妥善保管。”对地震灾害受损档案的处理提出了明确要求。

我们清醒地认识到，我国档案自然灾害防治法规规章还有待进一步补充完善。一方面，国家档案局应争取将档案灾害防治工作纳入国务院防灾减灾行政法规体系，地方档案行政部门应争取将档案自然灾害防治工作纳入地方政府防灾减灾法规工作体系，以获得政府对档案部门灾害治理的支持；另一方面，档案部门应建立健全本行业的防灾减灾法规和规章，对档案自然灾害

① 杨冬权：《在全国档案安全体系建设工作会议上的讲话》，《档案学研究》2010年第3期，第8页。

防治的主体、责任、内容、要求等作出详细规定，为档案自然灾害防治提供制度规范。

（三）加强档案自然灾害应急预案体系建设

在档案应急预案建设方面，国务院2006年发布的《国家突发公共事件总体应急预案》是全国应急预案体系的总纲，它明确了各类突发公共事件分级分类和预案框架体系，是各项自然灾害应急预案体系制订和实施的基本依据之一，是指导预防和处置各类突发事件的规范性文件。它规定了全国突发公共事件应急预案体系构成，明确要求：国务院及其有关部门为应对某一类型或某几种类型突发公共事件须制订专项应急预案；国务院有关部门根据总体应急预案、专项应急预案和部门职责为应对突发公共事件须制订部门应急预案；地方人民政府及其有关部门须制订地方应急预案；各企事业单位根据有关法律法规须制订应急预案。

当前，国家已制订自然灾害类的专项应急预案5件，包括《国家自然灾害救助应急预案》、《国家地震应急预案》、《国家处置突发地质灾害应急预案》、《国家处置重、特大森林火灾应急预案》和《国家防洪抗旱应急预案》。可以看出，针对自然灾害的专项应急预案体系还需进一步健全和完善，扩充覆盖面，以更好地为档案自然灾害应急预案体系建设提供指导。

档案部门应急预案建设一般在《国家突发公共事件总体应急预案》、《国家地震应急预案》等专项应急预案及《档案工作突发事件应急处置管理办法》的指导下进行。档案部门本身缺乏可以指导本部门领域应急预案体系建设的部门应急预案，需要国家档案局进行补充制订，对档案部门应急预案体系的构成、档案机构的职责任务、应急预案的内容框架、应急预案的演练、应急预案的评价指标等作出详细规定，使之成为档案部门应急预案制订和实施的基本依据，以提高应急预案的科学性、针对性和可操作性。

（四）加强档案自然灾害防治工作标准体系建设

国家档案局技术部主任、北川档案抢救工作专家组组长王良城对汶川地震后档案科技工作进行反思，指出：国家重点档案抢救需要规范；国家重视档案抢救工作，但档案抢救得如何，缺乏相应的标准要求和办法与程序规定；对国家重点档案文献抢救方针政策、战略进行研究非常急迫。[①] 加强档案自然灾害防治工作标准体系的建设，规范、优化灾时档案抢救修复的操作流程、方法，才能确保档案自然灾害防治工作的科学有效性。

我国现已发布实施的档案工作标准有 40 类，正在制订或修订中的将近 51 类。其中与档案自然灾害防治直接相关的标准并不多，主要有：《档案馆建筑设计规范》（JGJ25–2000）、《档案馆建设标准》（2008 年 7 月 1 日起实施）、《档案装具》（DA/T6–1992）、《档案修裱技术规范》（DA/T25–2000）、《纸质档案数字化技术规范》（DA/T 31–2005）、《档案字迹材料耐久性测试法》（DA/T16–1995），《历史图牒档案修裱技术规范》（DA/T37–2008）等；可以参照实施的档案信息安全标准有：《计算机信息系统安全保护等级划分准则》（GB17859–1999）、《涉及国家秘密的信息系统分级保护管理规范》（BMB20–2007）、《信息系统灾难恢复规范》（GB/T20988–2007）等。

档案自然灾害防治工作把档案系统视作一个完整的生命周期，从预防、预警、抢救、修复四个阶段进行保护，档案自然灾害防治工作标准的制订也可以围绕这四个阶段进行。在预防阶段，应制订包括档案防灾建筑设计标准、档案保护基础设施标准、档案文献等级划分与保管标准、图像扫描标准、异地备份中心建设标准等在内的基础性标准；在预警阶段，应考虑制订预警信息系统构建标准和技术规范、应急响应级别判断标准等；在应急抢救阶段，制订档案文献抢救办法和程序；在受灾档案修复阶段，应制

① 王天泉：《灾区档案重建要科学规范——访国家档案局技术部主任、北川档案抢救工作专家组组长王良城》，《中国档案》2009 年第 5 期，第 29 页。

订档案文献损毁级别划分标准、各类灾害损毁档案文献修复技术标准、灾区档案系统重建规划相关标准以及灾区企业档案文献保护工作方面的标准。标准的内容要根据实际工作需要，注意贯彻国家法律法规并与已有相关标准协调，同时要与档案自然灾害防治工作实践相结合，以期获得最佳的效果①。

总的来说，标准的适用范围要涵盖所有机关、团体、企事业单位以及拥有专门档案的档案部门。比如，预防阶段的档案防灾建筑设计标准，不仅是针对各级国家档案馆等建筑，还应包括各企事业单位、一般机构用于专门保管档案的用房，同时应具体到每一种灾害规定保管用房建设标准；又如，档案异地备份中心各项工作标准应该包括备份技术标准、设备的投入标准、数据格式、数据备份一般工作流程等相关内容；再如，受灾档案修复阶段的档案文献损毁级别划分标准，应先确定档案部门受灾体、灾害类型、灾害损失评估方法等，然后制订具体的操作标准；又再如，各类受灾档案修复技术标准应结合已发生灾害中档案文献修复技术进行编制，规定哪种损害采用哪种修复方法、采用哪种具体的操作流程等。②

国家技术监督局将国家档案局列为档案工作行业标准的行业归口管理单位，档案行业标准制订申请人或申请单位在标准立项申请时报归口单位标准化委员会评议审核后，由国家档案局发立项计划通知，各相关单位结合自身实际情况选择申请制订的标准项目。标准立项到制订的一般程序见下图：

① 戚红岩：《重大自然灾害中档案文献保护研究》，湘潭大学，2011 年，第 24 页。

② 同上。

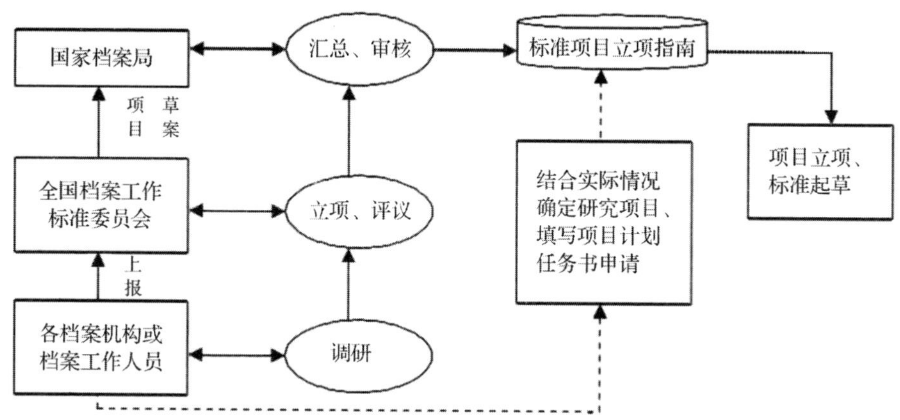

图 5—2　档案工作标准申请立项、制订一般流程

资料来源：戚红岩：《重大自然灾害中档案文献保护研究》，湘潭大学，2011 年。

由于档案文献保护工作涉及多个学科、多种技术，相关标准的制订也应该突破行业、地域的限制，实行跨行业、跨地区、跨机构的合作，共同制订出适合各种档案保护与修复的通用性标准，以节省并充分利用资源，同时促进标准的推广与应用。此外，档案部门应根据标准的施行情况适时地进行修订，不断适应应对自然灾害、保护档案安全的需要。

第五章　档案自然灾害预防与预警

档案自然灾害预防主要是在灾害未发生时和灾害发生前所做的预防工作，采用一切可以利用的手段来防止或减少自然灾害对档案的损害，是档案自然灾害防治的基础性工作。其主要内容包括进一步强化档案自然灾害风险意识、防范意识和责任意识；多方位筹措灾害防治专项工作经费；提高档案馆建筑及硬件设施的防灾能力；推进馆藏档案数字化工作；促进档案异地备份工作；制订和完善重大自然灾害应急预案。档案自然灾害预警是指档案机构依托各种信息技术平台监测即将发生的自然灾害信息，对这些信息进行收集、分析和评估，并通过各种信息渠道及时对特定的目标人群发布警示信息，从而把自然灾害可能给档案部门造成的损失降至最低。档案自然灾害预警系统由预警信息收集系统、预警信息分析系统、预警决策制订系统和预警信息发布系统组成。预防和预警作为档案自然灾害“防”的阶段，都属于档案灾害管理工作中的前端控制部分，其主要任务在于对自然灾害进行防范，其主要功能在于防止或延迟灾害的发生，减轻档案自然灾害发生时所造成的损失，保障档案安全。

一、档案自然灾害预防

（一）进一步强化自然灾害风险意识、防范意识和责任意识

杨冬权同志在2010年召开的全国档案安全体系建设工作会议上指出：档案安全是档案工作的生命线和底线，确保档案安全是档案部门的基本任务，而加强人的安全思想建设则是构建档案安全体系的首要任务[①]。近几年来，各级档案馆虽然在抵御频繁发生的自然灾害中在一定程度上提高了风险意识，但是处于灾害发生低风险区的档案馆的防灾意识并不强，有些甚至持无所谓态度。档案是历史的真实记录，对人类社会的生存、发展，对人类历史文化的传承都具有重要的基础作用，在自然灾害中造成的经济损失可以通过恢复重建来挽回，但是重要历史档案的破坏却是无法恢复也无法弥补的。在自然灾害多发的现实大背景下，对于肩负保管丰富的历史文化档案和珍贵地方档案重要任务的基层档案馆来说，怎样强调自然灾害防治工作的重要性都是不过分的。只有树立高度的自然灾害风险意识、防范意识和责任意识并把防灾减灾内化为每个档案工作者的本能行动时，档案馆抵御重大自然灾害的能力才能得到全面加强，其珍贵、富集的档案资源才能经得起各种自然灾害的考验。

1. 加大宣传和教育，强化风险意识

近年来由于全球气候变暖，极端性事件发生频率增加，暴雨、干旱等气象性自然灾害频繁发生，正如国家气候中心气候变化室主任刘洪滨所分析的："在全球气候变暖趋势下，极端性事件发生频率正在增加。强降水发生

① 杨冬权：《在全国档案安全体系建设工作会议上的讲话》，《档案学研究》2010年第3期，第7页。

几率增大，中雨小雨发生几率减少。简单地说，要么不下，要么就下大暴雨。这是基本被认定的气候趋势。”而在以山地为主要地形的中西部地区，暴雨又极易引发泥石流等地质性灾害。而且，自然灾害的高度破坏性往往与当地的经济脆弱性并行，我国多数基层档案馆由于地处山区、经济条件及基础设施落后，地震、滑坡、崩塌和泥石流等自然灾害造成的损失往往无比巨大。在这样的大环境背景下，作为保管保存历史真实记录的基层档案馆，更应树立重大自然灾害忧患意识、风险意识，而不是在暂时的“太平”现象中麻痹大意、放松警惕。“自然灾害过去是、现在是、将来仍会是中华民族的心腹大患。我们应该有比世界上任何一个国家更多的忧患意识，必须在与自然的和谐相处中寻求科学发展，否则便没有出路。”面对目前自然灾害频繁发生的现实，中国科学院——清华大学国情研究中心主任胡鞍钢教授的话绝非危言耸听，而应被我们档案部门深刻牢记。

为使档案工作人员树立重大自然灾害风险意识，我们建议上级档案行政部门和县级档案局举办各种形式的宣传教育活动，如：邀请气象部门、地质部门或消防部门为档案工作人员举办关于各种自然灾害的知识性讲座；通过网络、电视、电话、广播、手机短信等方式向档案工作人员播报或发送已发生的重大自然灾害案例视频、画册、资料及讯息；绘制自然灾害风险图，印发自然灾害相关手册；每年在固定的时间设置“防灾日”，举行防灾演习；等等。通过对重大自然灾害的危害性进行广泛宣传、教育，使广大档案工作人员树立自然灾害风险意识，并使这种风险忧患意识深入到每个组织和个人的内心而且转化为自觉的防灾行动。

2. 做好专门性和日常性预防工作，强化防范意识

首先，档案馆应做好针对自然灾害的专门性预防工作。其工作内容主要包括：成立灾害应急组织；加强档案馆库、安全设施、档案装具等硬件建设；制订自然灾害应急预案；开展档案数字化和异质异地备份工作；等等。应急组织是自然灾害预防和应急工作的组织保障，档案馆库、档案装具以及

消防设备等硬件设施是档案馆预防自然灾害侵袭的第一道防线，应急预案是自然灾害应对的具体方案，档案数字化和异质异地备份是自然灾害预防的有效手段，它们都属于档案部门针对自然灾害采取的专门性预防工作，县级综合档案馆应认真对待，扎扎实实地做好这些工作。此外，还应做好针对自然灾害的其他专门性预防工作，如：定期组织档案工作人员学习《防洪法》、《防震减灾法》、《地质灾害防治条例》等法律法规规章，要求他们掌握档案系统防洪、防震、防地质灾害等相关知识；根据应急预案进行日常应急演练，提高救灾技能，以便在灾害真正发生时，能够快速有效地进行抢险救灾；等等。

其次，要把自然灾害的预防工作融入到档案馆的日常性工作中。第一，坚持对档案馆库进行日常检查，并要求做好详细完整的检查记录。对档案馆内的各种设备设施、供电系统及供水管道等进行定期检查和监测，以及时发现并解决存在的险情。第二，做好供电用水、消防设施及报警设备等设施的使用培训工作，要求所有的档案工作人员熟悉并能够安全使用水电、消防及报警等设施设备。第三，做好各种灾害信息的收集、整理和分析工作，根据信息指数的变化分析可能会发生的自然灾害，以做好灾情的预报工作，为灾害应急提供指导和帮助。

3. 加强管理和考核，强化责任意识

首先，按照属地管理的原则，明确地方政府、各级档案行政管理部门在自然灾害防治工作中的主要领导责任，把自然灾害防治工作摆上更加突出的位置；明确县级综合档案馆自然灾害防治工作领导小组的直接领导责任，对自然灾害的预防和救治进行统一指挥、统一调度；明确相关职能部门的分管责任，听从指挥、坚守岗位。对落实责任不力、工作疏忽造成严重后果的，要追究责任、严肃处理。

其次，在档案系统大力弘扬爱岗敬业精神，树立“安全问题人人有责”的思想。自然灾害防治工作的成效取决于日常预防工作是否做得扎实有效，

而自然灾害的日常预防工作涉及方方面面，几乎同从事档案工作的每个人都相关。因此，要加强档案系统的全员教育和培训，使所有档案工作者都充分认识到自然灾害防治工作的重要性和自身所在的岗位职责，以做好本职工作的实际行动，积极投身于自然灾害防治工作之中，使每位档案工作者和每个档案工作岗位都成为保护档案安全的一根桩或一道墙，而不是成为妨害档案安全的一个引信或一个漏洞①。

最后，构建考核体系，细化考核指标。考核是执行力的动力之源，各级档案行政部门要围绕自然灾害防治工作构建考核体系、细化考核指标。自然灾害防治考核体系的构建应尽量做到健全，其内容应包括防灾减灾组织制度建设、档案馆室建筑设计和安全设施配备、档案应急预案制订、档案数字化和档案异质异地备份、档案应急保障措施等方面；对体系内各项内容的考核指标设置应尽量保证全面性和针对性，以保证自然灾害防治措施的科学性和有效性。要对考核结果及时实施反馈，运用相应的奖惩和责任追究制度，强化对自然灾害防治工作的考核监督效果。

（二）多方位筹措灾害防治专项工作经费

1. 政府为档案部门划拨灾害防治专项工作经费

灾害防治工作需要大量的经费投入，对于档案馆来说，资金保障能力大小影响着灾害防治的效力，是灾害防治工作顺利有效开展的必要保证。国际档案理事会编制的《档案馆灾害预防指南》第二章中强调了经费保障的重要性："资金历来就是一个重要的问题……是防灾规划至关重要的因素……灾害控制的费用主要用于两大方面，一是与提供防护有关的预防性措施，二是

① 杨冬权：《在全国档案安全体系建设工作会议上的讲话》，《档案学研究》2010 年第 3 期，第 8 页。

减灾方面的措施。要想规划做到有效，这两个方面都极其重要。”①

档案部门属于国家非营利性科学文化事业机构，其自身没有盈利性收入，故而在社会上被视为“清水衙门”。尤其是我国中西部地区，经济基础和发展均较沿海薄弱和缓慢，杯水车薪的事业经费对中西部地区基层档案馆灾害防治工作的顾及十分有限，其资金来源渠道狭小，主要依赖国家及地方政府的财政支持。而目前国家在财政预算中安排的灾害救济支出还非常有限，与我国持续增长的经济形势不相匹配。虽然近年来国家救灾支出在总量上呈增长态势，然而其增长却较为缓慢，而且具有不稳定性，与国家财政总收入的增长不成正比，与国家财政总支出相比则实际上呈相对下降的趋势。此外，国家救灾占自然灾害造成的直接经济损失的比重较低，仅为2%—3%左右，大部分灾害损失需由受灾单位和个人来承担。

中共中央办公厅、国务院办公厅印发的《关于加强和改进新形势下档案工作的意见》中明确指出：地方政府要“为档案工作顺利开展提供人力、财力、物力等方面保障，推动档案事业发展同经济社会发展相协调。”②为更好地应对灾害频发、损失日益严重的趋势，国家财政应适度增加用于救灾支出的比重，在财政预算中明确列出灾难应急准备和救援资金，地方政府每年的预算中也要预留出一定的经费来处置灾难事件，本年度内的剩余资金可以直接划入下一年度的财政预算，以备大灾时使用。日本救灾资金的保障颇有特色，值得我们借鉴。日本以法律条文形式明确规定救灾资金来源。如日本《灾害救助法》明确规定：各都道府县有义务预存基金，其金额为过去3年间都道府县普通税收入决算额的平均值的0.5%，且最少不得低于500万日元。③此外，日本由于地震灾害频发、损失惨重，因而构建了较为成熟的以

① 国家档案局外事办公室译：《档案馆灾害预防指南》（之二），《中国档案》1999年第2期，第38页。

② 中共中央办公厅国务院办公厅印发《关于加强和改进新形势下档案工作的意见》，《中国档案报》2014年5月5日。

③ 周宝砚：《发达国家灾难治理基本经验及其启示：以英国、美国、日本为例》，《风险管理》2010年第4期，第22页。

地震灾害保险为主的巨灾保险体系，为预防和应对地震灾害、减轻灾害损失提供了强有力的保障。我国《突发事件应对法》第三十五条规定："国家发展保险事业，建立国家财政支持的巨灾风险保险体系，并鼓励单位和公民参加保险。"我国政府可以借鉴国外经验，统筹规划，建立巨灾保险基金，构建适合我国国情的巨灾保险体系。此外，政府部门可以鼓励保险公司增加险种，同时鼓励档案部门到保险公司进行投保，使档案部门通过平时少量的资金投入获得意外灾害发生后的大量资金补偿，为受灾档案的抢救修复和档案馆的恢复重建提供保障。

2. 档案部门主动作为，呼吁社会各界进行捐助

2014 年，中共中央办公厅、国务院办公厅印发的《关于加强和改进新形势下档案工作的意见》中指出："规范并支持社会力量参与档案事务。"[①]因为档案工作涉及各行各业，档案文献记载人类记忆、传承人类文明，与全体社会成员息息相关，对社会的发展进步起着重要的作用。因此，档案工作也需要各个单位、社会各个方面、全体成员的共同参与和重视支持。比如，人事档案、户籍档案、婚姻档案、养老保险档案等涉及个人切身利益的档案在维护人民群众合法权益中发挥着不可替代的作用。可见，档案部门自然灾害防治工作关乎全社会的利益，更需要全社会力量的参与和协作。对于档案馆自身来说，除了依靠国家财政拨款之外，还应主动作为，充分发挥民众的力量，呼吁社会各界进行援助，组织各种渠道和形式的募捐，为保护人类记忆打下坚实的物质基础。《关于加强和改进新形势下档案工作的意见》还指出："支持企业、社会组织和个人依法设立档案事业发展基金。"[②]目前个别档案部门已经吸收社会基金设立了档案事业方面的基金，有的正在筹备设立，对基层档案馆来说，可以按照这条要求设立相关基金，做好重大自然灾害的防

① 周宝砚：《发达国家灾难治理基本经验及其启示：以英国、美国、日本为例》，《风险管理》2010 年第 4 期，第 22 页。

② 同上。

治工作。

（三）提高档案馆建筑及硬件设施的防灾能力

众多实例证明，加强档案馆基础设施建设是构建档案安全体系的基础，好的馆库建筑和硬件设施可以在自然灾害发生时最大限度地保护档案安全，减少档案损失。当前，我国中西部地区县级综合档案馆建设正迎来新的发展机遇，在 2010 年启动的中西部地区县级综合档案馆建设项目中，四川全省 42.5%的县级综合档案馆于“十二五”期间开工建设，至 2015 年 2 月已开工 45 个、已建成并投入使用的有 32 个，另外还有 42 个在灾后恢复重建项目中重建完工；云南全省 79.2%的县级档案馆于“十二五”期间开工建设，至 2015 年 2 月已开工 75 个、其中已建成并投入使用的有 31 个；贵州全省 42%的县级档案馆于“十二五”期间开工建设，至 2015 年 2 月已开工 34 个、已建成并投入使用的有 9 个。对于在灾后恢复重建项目、中西部地区县级综合档案馆建设项目及 2000 年以后由地方政府投资等新建的县级综合档案馆而言，由于其馆库建筑已基本定型，因此可注重在安防设施和档案装具等方面实现防灾功能；而对于尚未开工建设甚至尚未纳入建设项目的其余旧馆而言，则需要在建设规划和施工中全面注重实现档案馆建筑选址和建筑设计的防灾功能，并在后期的安防设备和档案装具配备中也注重实现防灾功能。

1. 建筑选址坚持避开危险源的原则

建筑选址讲求天人合一，既要尊重自然，又要符合人类需求。对于档案馆、图书馆、博物馆等公共文化机构而言，它们还要作为当地城市的标志性建筑而存在，体现多元城市文化特色。因此，档案馆的选址应以安全、便民、体现文化特色为原则。从便民的角度而言，档案馆应建在交通便利、公共设施设备较齐全的地域，以便群众利用；从档案馆的科学文化事业机构的性质出发，档案馆应建在当地的文化区，与图书馆、博物馆、文化馆等功能相近的文化机构相邻，使之成为一个地区文化的标志、文明的象征。从安全的角度出发，档案馆建设应尊重自然，适应自然规律，尽可能远离危险源。具体而言，档案馆建设地址的选择应当严格依照《档案馆建设标准》，结合本地区自然、经济条件和社会发展状况，对档案馆拟建地址的地质条件、气候条件、地形地貌、环境质量、交通条件、社会环境条件等各方面进行科学的考察、勘测和论证，从而科学地选择适合档案馆建设的用地，提高档案馆库的抗震、防灾能力，有效避免和预防因选址不当而带来的自然灾害、人为灾害对建筑、馆藏档案和档案人员的损害。

在地震灾害中，造成人员伤亡和财产损失的主要原因是建筑物的损坏与倒塌。就地震对档案馆建筑造成的损害而言，档案馆建筑倒塌主要有以下三个原因：一是档案馆库建在断层上。建在断层上的建筑物，无论其构造多么结实，在地震中都会倒塌；二是建筑物距离震中的位置。距离震中越近，就越容易倒塌；三是地震引发的山体滑坡、泥石流等次生灾害也会对档案馆建筑造成破坏。泥石流、山体滑坡会对档案馆造成冲击，冲垮甚至全部掩埋整个建筑。2008 年 5 月 12 日发生在北纬 31°、东经 103.4° 的汶川一带大地震，正处在龙门山断裂带上。该地区主要受到喜马拉雅造山运动的推挤，引发了西藏高原东北角的松潘—甘孜地块与上扬子地块（四川盆地位于其上）交界的龙门山产生一系列断层。这条断层裂带位于四川盆地的西北缘、青藏高原的东部边缘，全长 500 多公里，由几条大致平行的北东向断层构成，其中规模最大的是西龙门山断层。汶川大地震就发生在北川至汶川断层活动强烈的地段上。这也是汶川大地震中房屋倒塌的一个重要因素。① 因此，在档案馆建设之前，馆址的选择对于防灾起到非常重要的作用。

目前，我国中西部档案馆正在加紧建设。由于中西部地区属于自然灾害

① 卞咸杰：《汶川地震对档案馆建筑安全设计的启示》，《档案管理》2008 年第 5 期，第 50 页。

多发区，而经济发展水平又相对落后，因此更有必要从源头上即选址上抓好档案安全。科学地为档案馆选址是最大限度避免灾害、控制险情的关键。中西部地区多为山形地带，容易发生地震、崩塌、滑坡、泥石流等地质灾害，如我国西南部的云南省。云南处于欧亚板块和印度板块挤压碰撞带的北东边界，这两大板块长期地相对运动，使得该区域新构造运动非常强烈，深大活动断裂纵横交错，岩浆活动频繁，地层因风化、切割而支离破碎。地貌上呈现出谷深山高、峭壁对峙的特点，最高点海拔 6740 米，而最低点海拔仅有 76 米，境内相对高差达 6664 米。六大水系密布全省并分别流入太平洋、印度洋。火山、地热发育，地震活动亦很频繁，各种地质灾害居全国之首，一些著名的中外地质学家把云南誉为“中国的地质博物馆”。① 由于地理位置特殊，地质环境复杂，云南地质灾害类型多样，主要有滑坡、泥石流、地震、崩塌、地裂缝、火山喷发、水土流失、地面沉陷、土地沙漠化、沙土液化 10 种，其中最常见的、危害性最大的为前 4 种。尤其是到七八月份的雨季，云南省地质灾害频发，很多地区建筑物倒塌，人员伤亡，交通阻塞，有的县份甚至整个成为无法通行的孤岛。因此，在这些地区，新馆建设前必须先做地质灾害评估，对当地的山川地貌、地质结构、地理形势、水土质量、气象状况等进行勘察、检测，然后再选址。档案馆建筑不能建在断层上，以避免遭受地震的直接冲击；山区档案馆的选址应尽量远离山体，降低或避免泥石流、滑坡等地质灾害的威胁。对于已经建在不利段的档案馆，应尽快选址重建，确实无法重建的，应采取适当的防灾措施。对沿海地区而言，档案馆的选址应尽量远离海岸线，或者尽量选择水文地质条件较好、地势相对较高的地区，以减低台风、海啸、洪灾对档案馆的威胁。

要强调的是，地质灾害评估是建筑选址的前提和依据，它主要指对各种有可能发生的地质灾害进行风险评估，并进一步提出针对性防治措施和建议。档案馆建筑设计时，可以借鉴使用当地国土、建设、环保等相关部门已

① 姜朝松：《云南省地质灾害》，《灾害学》1990 年第 4 期，第 42 页。

有的地质报告，也可以聘请具有资质的评估机构针对档案馆建筑的特殊需求进行专业测评。在测评过程中可参阅当地地质档案和灾难档案，通过查阅档案资料，全面掌握当地地质情况和自然灾害发生规律，作为档案馆新馆选址的依据。

当然，为贯彻可持续发展理念，考虑建设资金有限的现实以及未来电子文件持续增长、纸质档案不断缩减的趋势，个别地区的档案馆建筑可以使用经过精心设计和改造的旧建筑，如瑞士建筑师汉斯彼得·约斯特（Hans Peter·Jost）把阿尔巴尼亚警察局重新规划用作档案库房；荷兰鹿特丹市档案馆使用的建筑原是停车场和国家邮电公司的维护中心，经过优化自然采光、安装雨水处理系统和增降温用的热力泵系统等改造后，该建筑作为市档案馆继续被使用。

2. 建筑设计注重实现防灾功能

档案库房是档案的巢或家，“覆巢之下，岂有完卵”，因此，要想确保档案安全，必须严格按照《档案馆建设标准》和《档案馆建筑设计规范》的要求，按建筑设计管理的有关程序，选择具备乙级及以上资质的建筑单位，做好档案馆库建筑设计，使档案馆围护结构满足防震、防泥石流、防水、防火、防雷电、防低温等功能需求，为档案库房配备温湿度调控设备、自动报警设备、消防设备及实时监控系统并加强对档案馆建筑施工的监督及其防灾能力的评估，从而为档案建造一个安全的巢、坚固的家。2014 年中共中央办公厅、国务院办公厅印发的《关于加强和改进新形势下档案工作的意见》中提出：县级以上党委和政府是本级国家综合档案馆的建设主体，要按照《档案馆建设标准》和《档案馆建筑设计规范》要求，建设国家综合档案馆，消除“无库馆”、“危房馆”现象①。这是在我们党和国家的档案工作文

① 中共中央办公厅、国务院办公厅：《关于加强和改进新形势下档案工作的意见》，《中国档案报》2014 年 5 月 5 日。

件中，第一次明确县级以上党委和政府是本级国家综合档案馆的建设主体。对于各级档案馆来说，已经建好的新馆要充分利用已经配置的现代化安防设施系统提高本馆的防灾备灾能力，正在使用的旧馆则要争取把新馆建设纳入政府部门的建设规划并严格实现档案馆建筑设计的防灾功能。

（1）档案馆房屋结构应注重实现防震、防泥石流、防水、防火、防雷电、防低温等功能

档案馆的房屋结构包括承重结构和围护结构，其中围护结构主要指围合档案馆建筑空间四周的墙体、门窗、屋顶和地面[①]。《档案馆建筑设计规范》和《档案馆建设标准》中都规定了档案馆围护结构应满足“保温、隔热、温湿度控制、防潮、防水、防日光、防紫外线照射、防尘、防污染、防有害生物和防盗”的总要求。具体而言，档案馆库宜采用钢筋混凝土框架结构，不得采用空斗砖墙、空心砖墙和生土墙体作为承重结构；档案库门应为保温门，窗应为双层窗，母片库不应设外窗，拷贝复印室门窗应密闭，防紫外光照射；屋顶应采取保温隔热措施；地面应采取防水防潮措施，拷贝复印室、数字档案储藏室地面还应采取防静电措施。此外，尤其要重点突出以下几个方面：

第一，防震方面。档案库房的抗震设防标准应根据当地地震烈度，按国家现行抗震设防标准执行。对于处在地震带上、具有地震灾害发生高危险性的县级档案馆，则可以借鉴采用国外一些先进的抗震设计，如：地震灾害多发国日本所发明的在建筑物上部结构和地基中加入由阻尼器和积层橡胶组成的免震层，阻尼器和积层橡胶能够吸收、减缓地震所产生的能量，使建筑物免遭破坏，达到抗震的效果；在建筑物主体和地基相连部分加入能吸收地震冲击的中介物弹簧，从而使建筑物主体所接收的振动能量减少到原来的1/10[②]。此外，发达国家如美国所发明的滚珠抗震法也值得借

① 郭佳然：《绿色档案馆建设研究》，硕士学位论文河北大学，2013年，第22页。

② 楼旦丰、杨彦鑫：《浅谈日本抗震建筑设计的要素》，《科协论坛》2011年第6期，第19页。

鉴：在建筑物的柱子或墙体下安装不锈钢滚珠，同时在建筑物和地基之间安装钢梁以起到固定的效果，地震发生时，大楼通过自动拉伸的钢梁在滚珠上稍稍来回滑动以回应地震波带来的颤动，从而减轻地震的威力及其带来的破坏[①]。这样一些先进有效的抗震设计理念和方法，都可以引入档案馆的建设中，以增强其抵御地震灾害的能力。

第二，防滑坡、塌陷和泥石流等地质灾害方面。首先，在档案馆建筑选址时应做好地质勘察工作，避开滑坡地带、地面软弱层、泥石流易发河床及山脚等地。其次，我国西部地区由于多山且暴雨集中，有一些县级档案馆建设时确实无法避开地质灾害易发地段，如笔者曾经到过的云南省绿春县，全县境内无一平方公里平地，到七八月雨季时，往往山体滑坡和泥石流等地质灾害多发，整个县城成为无法通行的“孤岛”，因此，绿春也被称作“地质灾害密度最高的县城”、“山梁上最不安全的县城”。对于这些地方的县级综合档案馆来说，则必须通过实施防护、拦挡、排导、加固等治理工程的方法来保护档案馆库，使其免遭破坏。如：修建抗滑柱、抗滑垛、抗滑桩、抗滑洞、抗滑挡土墙等支挡工程，以阻止滑坡体滑动；为治理地面沉陷，可用换土法或灌浆法加固软弱层；为改变泥石流的流速与流向，可修建导流堤、排泄沟、渡槽、急流槽等工程；为削弱泥石流的冲击能量，可修建储淤场、拦沙坝、截流工程等；为削弱泥石流的活动，还可有计划地种草植树，固结表面土壤，防止水土流失，降低、减小泥石流发生的概率与规模[②]。

第三，防水方面。鉴于我国许多县市暴雨集中，易形成洪水灾害，建议这些地区的档案馆在建设时要加强屋顶、四周墙体、底层的防水性能，保障排水系统的通畅，使档案免受水患威胁。为避免积水，档案馆屋顶设计时应尽量放宽檐槽和落水管尺寸，以避免树叶或其他垃圾堵塞，增加排水管，利用地沟或排水沟把积水引向排水管网；墙体设计除应使用防水材料外，还可

---

① 童雅琴：《国际最新抗震设计理念》，《建筑》2013 年第 13 期，第 18 页。

② 陈代荣等：《滑坡、沉陷、泥石流危害档案馆库实例分析及防治措施》，《四川档案》2001 年第 2 期，第 10 页。

建造无窗墙体，以保证库房温湿度保持相对稳定，有效保障档案安全；底层应尽可能防水，避免地下水的渗入，增加排水管道，使用防水保护层。此外，水装置不能通过或放置于存放馆藏的区域之上，严格要求供水装置的材料和接合系统，有充足的流水控制阀门，生活污水管避免安装在与档案库相邻的墙上。

第四，防干旱以及防凝冻方面。鉴于一些县市春夏季干旱灾害多发，而一些县市冬季凝冻灾害严重，在这些地区，档案馆建筑墙体和门窗的修建应尤为注意。首先，应增加墙体厚度，以利于隔热以及保温和保暖，避免墙体开裂；其次，使用墙体保温材料，并注意外墙保温材料的燃烧性能需符合国务院、公安部的有关规定；最后，馆库的门窗应符合节能设计的标准，避免由于低温凝冻导致门窗的变形以至于影响档案资料的安全保护。

第五，防雷电方面。在雷电灾害多发地带，档案馆建筑应特别注重防雷设计，所采取的防雷设施应符合国家标准《建筑物防雷设计规范》（GB 50057—2010）的要求，如：建筑物外部应安装防雷装置并采取其他措施防止闪电电涌的入侵，同时做好等电位连接并满足间隔距离要求。为此，可以安装新型防直击雷装置，在机房传输设备电源的入口、计算机电源、机房电源进线、总进线的电源等处加装过电压保护装置，使浪涌或雷电过电压降到设备可承受的范围之内；可以通过过电压保护器对金属管道、电源线、信号线等进行等电位连接，同样地对各内层保护区的界面处进行局部等电位连接，互相连接各局部等电位连接棒，并最后使其与主等电位连接棒相连，最终将雷电引起的毁坏性电位差彻底消除。

（2）档案馆内部应配备温湿度调控设备、自动报警设备、消防设备和实时监控系统

档案馆建筑除了应该按《档案馆建筑设计规范》的规定采取档案防护措施并进行防火设计之外，还应该配备温湿度调控、自动报警、自动灭火等设施并安装实时监控系统，以提高对灾害的防控和应急能力。课题组在调研中发现，新馆的安防设施比较先进、齐备，它们大多安装了除湿机、空调机甚

至恒温恒湿系统等温湿度调控设施，配备了声光报警器、烟感报警器及温感报警器等自动报警设备，安装了七氟丙烷气体灭火系统、二氧化碳气体灭火系统、高压细水雾自动喷淋灭火系统以及消防栓灭火系统等消防设施，安装了可以与消防部门24小时实时联动的监控系统，有的档案馆还安装了空气采样机、空气净化消毒器、排烟系统以及防火防静电地胶、紧急疏散指示标记等以提高灾害应急防控能力。而在旧馆中，多数只有手提式灭火器或消火栓等单种消防设施，无法满足消防需求，甚至还有一些档案馆无消防通道、消防栓和消防设施。这些旧馆有的正在等待搬进即将建好的新馆中办工，有的则还未动工建设新馆。对于还需长期使用的旧馆来说，应该在坚持先进性、超前性、操作性的原则基础上进行消防改造，只有进行了消防改造、配备了必要的消防设施，才能切实提高自然灾害的应对能力。

首先，在干旱、潮湿或低温地区，档案馆若没有温湿度调控设施，应该安装除湿机、空调机等，以使库房温湿度保持在不损害档案安全的范围内。课题组在调研中发现，一些省市级档案馆的库房安装了温湿度自动监控系统，通过在大门入口处或其他显著位置安装库房温湿度信息栏，就可以做到对档案库房的温湿度信息进行实时监控。我们认为，省市级档案馆的这种做法应该逐渐普及到县级档案馆。此外，随着数字档案馆建设的开展，“存量数字化”和“增量电子化”的建设要求会使县级档案馆保存的电子档案大量增多，对这些特殊载体档案，更要安装特殊的温湿度调控和防磁等设施，以利于载体的安全保管。

其次，所有档案馆库房有条件的都应该安装自动报警设备和自动灭火设施，没有条件的至少要配备灭火器或消火栓等，以便在万一发生火灾时可以及时扑灭。目前常用的自动报警设备有声光报警器、烟感报警器、温感报警器以及气体探测器等，常用的库房灭火设备有气体灭火系统、高压细水雾灭火系统、消防栓以及灭火器等，各档案馆可以根据实际情况加以配备。（见图6—1至图6—4）这里特别提及的是目前比较先进也比较理想的自动灭火系统是高压细水雾灭火系统，它兼具气体和传统水喷淋两种灭火系统的抑制效果，能够像气体一样去除氧气，同时还能像水喷淋一样冷却火焰，而且由于系统用水量极少，水渍损失微小，无其他危害，可保护珍贵档案资料。但是相比较

图 6—1　声光报警器

图 6—2　烟感报警器

图 6—3　气体灭火系统

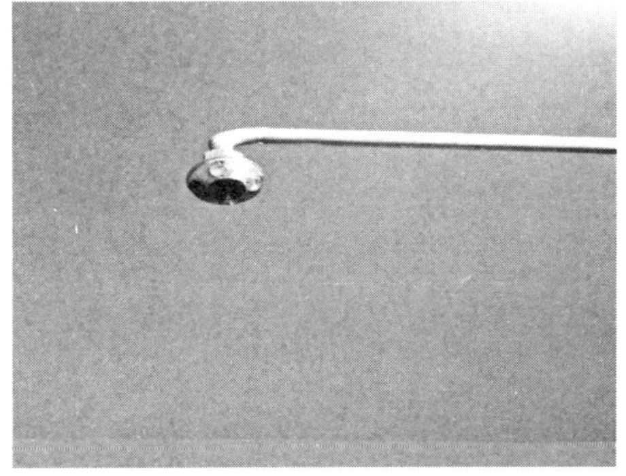

图 6—4　高压细水雾灭火系统

图片来源：课题组拍摄。

于气体灭火系统，高压细水雾灭火系统的首期投入费用较高，而气体灭火系统的首期投入相对较低，因此多数县级综合档案馆选择使用了气体灭火系统。

再次，有条件的档案馆应该安装实时监控系统，包括供配电智能监控系统、档案库房实时监控系统等。通过供配电智能监控系统，工作人员在中央控制室就可以实现对各楼层的供配电操作，并全面掌握各楼层的供配电情况及各机电设备的运行情况；通过档案库房实时监控系统，可以加强对档案原件的监控。通过实时监控，可以及时对异常情况作出反应，杜绝安全事故隐患。

（3）加强对档案馆建筑施工的监督

在建筑施工时，应按照国家规定确定施工单位，选择正规的、技术力量雄厚的施工队伍。施工过程中，为杜绝施工单位偷工减料现象发生，确保工程质量，要有工程监理人员监督工程实施，并严格检查入场建筑材料质量和施工各个环节，详细记录监理日志，每道工序完成由监理人员现场验收合格后方可转入下道工序施工。地处自然灾害多发区域的档案馆更要抓好工程质量关。

3. 装具配备采用密集架与多级柜相结合的方式

档案装具是指用于存放档案的各类箱、架、柜，以及包装档案文件的档案卷夹、卷皮、卷盒等①。档案装具作为存储档案、延长档案寿命、维护档案完整与安全的基本设备，为在灾害中安全保护档案创造了必要条件。

旧时的档案装具材质多选用木质，主要是箱、柜、架，一般依次排列，按顺序码放档案，柜架之间留有一定间隔，以便调取案卷，由于其柜架排列较为松散，因此属散列存储方式。木质装具的易燃性高、防水性能低，而散列存储方式使得装具在地震中容易倒塌，不利于灾害中的档案安全保护。2011 年 3 月日本地震中，位于仙台市的东北大学史料馆受到冲击，馆藏的历史公文书和校内刊行物受灾严重，原因主要在于这些资料是直接摆放在书

① 国家档案局档案科学技术研究所：《档案保护技术实用手册》，中国档案出版社 1993 年版，第 591 页。

架上的，剧烈的摇晃使得资料掉下来，由于受到掉落的冲击很多公文书中的文件和文书分散开来。而馆藏的个人资料几乎没有受灾，就是因为这些资料是装在盒子里摆放的，不容易从书架上掉落，即使掉落也不容易散乱；还有保存在有门的橱柜中的历史公文书也没受到影响。而由于没有固定在地面上，书库中的木制书架发生了移动，造成了档案装具设施的自身损坏。

随着社会的发展进步，档案装具的材质也改随之变，塑料、金属等材质得到广泛使用。1989 年，河南省档案馆与郑州欧达办公家具公司合作，研制出我国第一套档案密集架。伴随着技术的发展和用户需求的更新，档案密集架向多元化、现代化、智能化、人性化方向发展，出现了侧拉式密集架、电动式密集架、智能密集架等。① 而国家档案行政管理部门出台的相关行业标准如《档案装具》（DA/T6–1992）、《直列式档案密集架》（DA/T7–1992）和 2000 年的《无酸档案卷皮卷盒用纸及纸板》（DA/T24–2000）等则使得档案装具的制造、安装及使用进一步规范化、标准化。

与传统的散列式档案存储方式相比，档案密集架具有储存量大、节约空间、使用和管理较为方便等优点，并且金属材质的采用使得档案密集架具有良好的防水、防尘、防火性能，有利于灾害中保护档案安全。然而，由于结构庞大、密集存储，档案密集架也存在不利于档案及时安全转移和灾后档案抢救修复等缺点。尤其是电动密集架，在供电中断又缺少必要设备的情况下，使档案无法得到及时的抢救修复。杨冬权同志在 2010 年全国档案安全体系建设工作会议上指出，使用档案装具不能以节省空间、节约成本或外表美观为首要要素，而是要以有利于档案安全为第一原则，他还指出，最有利于档案安全的装具是多节柜，应该将其恢复并推广使用②。然而在实践中，我们发现目前县级档案馆使用最多的新式档案装具正是以“节约空间、美观

① 王良城、黄丽华等：《档案密集存储方式的发展与创新》，《中国档案》2011 年第 3 期，第 54 页。

② 杨冬权：《在全国档案安全体系建设工作会议上的讲话》，《档案学研究》2010 年第 3 期，第 9 页。

好看”为优势的手动或电动密集架，旧馆中使用最多的是固定架以及铁皮或木质箱柜，而档案装具的发展形势是密集架正在逐步取代固定架及铁皮或木质箱柜从而成为各级档案馆的主要档案装具。

我们认为，对于地处自然灾害发生低危险区或者所处区域发生的自然灾害不易造成馆库震动或楼房、装具倒塌后果的档案馆来说，鉴于密集架具有储存量大、节约空间、使用和管理较为方便并且防水、防尘、防火性能良好等优点，因此使用密集架作为存储档案的主要装具是适宜的，也是最为便利的。但是，对于地处地震等地质性灾害发生高危险区的档案馆来说，考虑到当地自然灾害容易造成馆库震动、装具倒塌等后果，而密集架一旦倒塌后难以对档案进行及时的安全转移和抢救修复，因此其档案装具应该采用密集架与多级柜相结合的方式，重要、珍贵的档案，则宜放在多级柜中，以有利于在自然灾害中快速转移疏散档案。对于特殊载体档案，包括音像档案、照片档案或者已经进行了数字化扫描处理的数字档案等，则应该存放在专门的档案装具中，如防磁柜等。对于已经进行了封存、不再对外提供利用的档案原件，可以将其存放在无酸又阻燃的纸箱中，或者用多级柜进行密封保存。

为了克服档案密集架不利于灾时档案转移的缺点，一些部门开始对档案密集架加以研究改进，例如，2010年，江西省档案局馆研究设计了可拆式密集型档案保密存储箱（见图6—5），它利用机柜锁定技术将档案保密存储箱体锁定在密集移动架上，具有档案箱和档案密集柜的双重功效和优点。可拆式密集型档案保密存储箱采用指纹数码保密锁，具有断电存码、防撬、无机械锁头、节能等功能，锁体用锌合金制造，使档案保密存储箱具有很好的保密安全性，为档案部门提供了强有力的安全环境。而且，由于其箱体可拆、搬运灵活，可有效应对突发事件时档案的安全转移。同时，可拆式密集型档案保密存储箱利用CAD/CAE/CAM一体化技术，对结构件强度、刚度进行有限元分析，既使存储箱具有很好的防火、防虫、防光、防尘、防鼠功能，还有效提高了可拆式密集型档案保密存储箱抵抗地震、泥石流、台风等突发事件的能力[①]。除此之外，还有一些档案馆自行研制了“战备密集柜架”、“立体移动式档案柜托架”，这些新型档案存储设备都同时具有密集柜存储量大和箱体拆运灵活的特点，能够实现档案密集存储和灾害应急中的快速转移，成为新型档案存储设备发展的新方向。为了促进这些新型档案存储设备的发展和应用，为新型档案装具的发展提供良好的外部环境，国家有关部门应同时加强档案密集架相关标准规范的研究制订工作。

此外，档案真空充氮包装也是档案管理应对自然灾害、有效保护档案安全与完整的一种新方法。档案真空充氮包装是指先把档案放入专用的包装袋内，然后使用档案真空充氮密封机（见图6—6）抽出袋里的空气，使袋内空气接近真空，再充入氮气，最后密封。由于包装袋内低氧、低湿、少污染性气体，形成使霉菌、档案害虫无法在被包装的档案上生长繁殖的保护条件，档案的自然老化得到减缓。特别是在遭遇洪水、地震、泥石流等重大自然灾害时，即使档案馆库建筑被淹，档案也不会遭到水害，能有效减少灾害对档案造成的损失[②]。

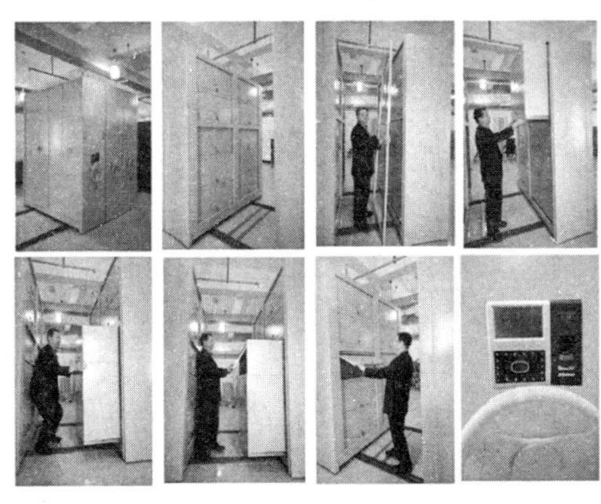

图6—5　可拆式密集型档案保密存储箱

图6—6　档案真空充氮密封机

① 王良城、黄丽华等：《档案密集存储方式的发展与创新》，《中国档案》2011年第3期，第55页。

② 孙洪鲁、黄丽华：《重大自然灾害后受损档案的抢救与预防技术》，《档案学研究》2010年第5期，第70页。

4. 对档案馆建筑实施安全风险评估

档案馆建筑安全风险评估是指运用相关技术和手段，系统分析档案馆所处地区发生自然灾害的可能性和后果，进而提出有针对性的防灾措施，预防灾害的发生并将灾害风险控制在最低程度。

首先，对档案馆所处区域进行地质灾害评估。地质灾害评估是建筑选址的前提和依据，它主要指对各种有可能发生的地质灾害进行风险评估，并进一步提出针对性防治措施和建议。尤其我国西部地区多山区、高原，地质灾害频繁，在这些地区，新馆建设前必须先做地质灾害评估，对当地的山川地貌、地质结构、地理形势、水土质量、气象状况等进行勘察、检测，然后再选址。档案馆选址时，可以借鉴使用当地国土、建设、环保等相关部门已有的地质报告，也可以聘请具有资质的评估机构针对档案馆建筑的特殊需求进行专业测评。在测评过程中可参阅当地地质档案和灾难档案，通过查阅档案资料，全面掌握当地地质情况和自然灾害发生规律，作为档案馆新馆选址的依据。档案馆建筑不能建在断层上，以避免遭受地震的直接冲击；不要建在低洼处或山脚下，降低或避免洪水以及泥石流、滑坡等地质灾害的威胁；不要建在火源多的地方，增加与其他建筑物的间距，避免居民用火用电对档案馆造成的威胁；不要建在污染源附近，实在无法避开的，应建在污染源的常年上风向。对于已经建在不利段的档案馆，应尽快选址重建，确实无法重建的，应采取适当的防灾措施。

其次，对档案馆建筑进行防灾能力评估。档案馆建筑的防灾能力评估主要包括档案馆面积指标、耐火等级、防雷设计、防震设计、供电系统及消防系统等几个方面，其依据的标准主要包括《档案馆建筑设计规范》（JGJ25-2000）、《档案馆建设标准》（建标 103-2008）、《建筑物防雷设计规范》（GB50057-2010）、《建筑抗震设计规范》（GB50011-2010）及《建筑灭火器配置设计规范》（GB50140-2005）等。比如，在防震评估时，首先要根据国家颁布的地震参数区划图或地震烈度区划图的相关规定，查出当地的烈度参数，然后按照本地区抗震设防要求，请专业建筑设计部门评估新建档案建筑的抗震能力，得出准确的评价结果。对于不符合防震要求的档案馆建筑，应责令施工方制作加固设计方案，严格按照设计方案进行加固施工。

（四）推进馆藏档案数字化工作，提高防灾备灾能力

馆藏档案数字化工作是大数据时代对档案管理和利用方式变革的基础性要求，是数字档案馆建设和档案异地备份工作的基础，也是保护档案原件、提高档案馆防灾备灾能力的重要手段。鉴于目前基层档案馆存在馆藏档案数字化工作经费不足、人才缺乏及认识不够等问题，建议相关部门采取以下措施，以切实推进基层档案馆的馆藏档案数字化工作。

1. 提高对数字化工作重要性的认识

随着信息技术的飞速发展和互联网络的无限延伸，人类社会已进入大数据时代。可以说，档案数字化是档案信息化建设的基础，是实现档案精细化、自动化管理的基础，是实现为人民群众便捷服务的最好途径，是大数据时代促进档案工作现代化的发展方向，是把我国建成档案强国的一项迫切任务和重要内容。在档案保护领域，数字化一方面可以保护档案原件、提高档案管理和利用效率、方便社会公众利用档案，另一方面对档案馆的防灾备灾工作也意义重大。认识到档案数字化工作的重要意义，各基层档案馆就会想方设法克服困难，突破现实条件的束缚，把数字化工作当成一项必须完成的重要工作来做，而不是把数字化工作当成一件可有可无、可做可不做的事情来对待。

国家档案局局长杨冬权同志在2013年全国数字档案馆（室）建设推进大会上提出，进行档案数字化工作时，首先要克服的是“畏难”心理。对数字化工作的这种“畏难”心理在课题组进行实地调研时也发现是普遍存在的：认为档案数字化涉及目录检查、数字化前密级鉴定、数字化质量检验

复核等，工作量较大，困难较多，要有专门的设备和懂计算机技术的人才，要花很多钱，本馆人员、经费有限，设备缺乏，不到万不得已时不敢轻易动工。因此，许多基层档案馆的全文数字化扫描工作至今仍未开始。“档案数字化工作最大的困难在于‘畏难’，在档案数字化工作中，如果心态是畏难的，不敢下决心，那么，有了钱他也不敢干、不会干；反之，如果痛下决心，那么，没有钱可以争取到钱，有什么困难可以克服什么困难。”杨冬权局长对各级档案馆（室）的领导提出希望：“对传统档案数字化工作，一定要破除畏难情绪，敢下决心，痛下决心，没有开始干的一定要下决心开始干；已开始小规模慢慢干的，一定要下决心大规模加快干。”①

2. 加大数字化工作经费投入

实施档案数字化建设需要一定规模的持续经费投入，没有经费投入，就无法开展数字化建设，更谈不上档案数字化建设的快速发展。目前，基层档案馆一般是在省级档案馆的带动下，以自筹资金的方式进行数字化工作。基层档案馆自筹资金的渠道一般为向当地党委政府财政部门报告申请来获取，但在中西部地区，由于纳入县级综合档案馆建设项目的县级档案馆在建设中已经获得地方政府的建设投资（约占建设总资金的 20%—30%），多数地方政府目前无力也不愿再为档案馆的数字化建设投入经费。而且，传统载体档案数量巨大，云南省 146 个州市县级综合档案馆 2012 年年底馆藏总量约 15 亿页，经估算，档案数字化扫描费用需 0.55 元 / 页②，仅扫描费用就需 8.25 亿元，平摊到每个州市县档案馆就是 565 万元。对于经济欠发达的中西部地区县级部门而言，也确实无力从有限的地方财政资金中进行解决。

为此，我们建议中央将档案数字化建设作为事关经济社会发展的基础项目予以支持，每年核拨一定专项资金，按馆藏量对基层档案馆开展馆藏档案

① 杨冬权：《在全国数字档案馆（室）建设推进会上的讲话》，《中国档案报》2013 年 10 月 18 日。

② 数据来自云南省档案局，2014 年 4 月。

数字化工作给予补助，并建立与数字化成本变化联动的补助机制。首先，对馆藏数字化工作中必需的服务器、存储设备、扫描设备、安全设备、软件系统等设备给予补助，并逐步提高县级档案馆设备的配套水平。其次，建立与数字化成本变化联动的补助机制。档案数字化工作是一项长期的持续性工作，数字化成本会受物价上涨、最低工资标准等因素的影响而逐年上升，如2009年云南省档案数字化扫描的价格是0.23元/页，如今已涨至0.55元/页。贵州省档案局提出到2020年省、市、县三级综合档案馆的馆藏档案数字化比例分别占其馆藏档案总数的35%、25%和20%的目标，而10年后的档案数字化扫描价格肯定已经远远超出现在的0.55元/页。鉴于此，我们建议中央随数字化成本的提高而加大补助经费投入，以持续地为基层档案馆的数字化工作提供坚固保障。

3. 完善档案数字化标准规范体系

档案数字化是一项技术性较强的长期的系统工程，涉及加工方式的选择、工作环节的确立、工作流程的优化、技术指标的制订等方面的内容，如果没有统一的标准作为指导，则会导致工作的混乱。课题组在实地调研中发现，一些已经开始实行数字化工作的县级档案馆购买使用的软件系统各不相同，导致馆与馆之间的很多数据不能相互兼容匹配。县级档案馆对于统一数字化系统软件标准的呼声很高，他们建议省级档案行政部门对此进行统一安排。因此，档案行政部门可在遵循《纸质档案数字化技术规范》和《缩微胶片数字化技术规范》两个档案行业标准的基础上，制订适合本地实情的馆藏档案数字化标准规范体系，并加强相关标准规范的推广应用力度，为档案数字化建设的标准化和规范化奠定良好基础，以提高档案信息的共享程度，推进档案数字化建设。这些标准包括：为馆藏档案数字化信息传播提供标准化网络环境的网络基础设施标准，主要包括基础通信平台建设标准、网络互联通信标准等；为公众利用馆藏档案数字化信息提供良好应用环境的应用技术标准，包括字符内部编码标准、数据存储标准、数据交换标准、信息输出标准等；保障馆藏档案数字化工作顺利有序进行的管理标准，包括管理制度、信息维护、人员管理等方面；保障网络运行环境安全、确保信息管理和利用的信息安全标准，包含密级管理、访问控制、身份鉴别及数字签名等方面[①]。

4. 制订档案数字化工作规划

在2012年国家档案局提出2020年全国档案馆档案数字化数量比2010年翻两番的硬指标以及2013年国家档案局提出用15年左右的时间使县以上各级国家档案馆对馆藏传统载体档案全部数字化的目标任务之前，各地档案行政部门并未制订出台档案数字化建设的相关具体目标和要求，县级综合档案馆在数字化工作方面基本处于自发状态，可做可不做、有条件就做、等待观望的态度和想法较普遍。但是从2013年开始，各省对照国家档案局的档案数字化量翻番的指标，结合自身实际，均提出了本省的档案工作奋斗目标，如贵州省档案局提出，到2020年，全省综合档案馆纸质档案数字化总量比2010年翻两番，省、市、县三级综合档案馆馆藏档案数字化比例分别占其馆藏档案总量的35%、25%和20%。此外，为落实国家档案局在2013年全国数字档案馆（室）建设推进会上提出的对档案数字化进展情况在全国范围进行通报的要求，各省、州档案局在档案工作会议中也提出对所辖范围内县市级档案馆传统载体档案数字化情况进行通报的要求。

在这些具体的目标任务的驱动和鞭策下，我们建议各省级和州（市）级档案行政部门借国家档案局提出的到2020年档案数字化数量翻两番以及用15年左右的时间完成馆藏传统载体档案全部数字化之机，要求县级档案馆制订适合本馆实际的数字化工作规划。各县级综合档案馆应准确掌握本馆馆藏情况和形成趋势，在统筹考虑人员、场地、设备、经费、技术、档案

① 张丽梅：《馆藏档案数字化的技术策略探析》，硕士学位论文黑龙江大学，2009年，第50页。

内容、整理与扫描及质检工作的匹配、档案实体和信息数据安全、备份载体、数据管理等各因素的基础上，合理确定档案数字化工作的阶段任务和实施策略，注意目标、任务一定要符合实际，还应特别注重解决资金合理分配、安全防范体系建设等问题，确保档案数字化工作科学、安全、有序地开展，避免漏扫、泄密和规范性不统一等问题的出现。省级档案行政部门对各州（市）、县的档案数字化进展情况可在全省范围内进行通报，通报内容主要为各州（市）、县综合档案馆完成的传统载体档案数字化数量、约占馆藏传统载体档案总量的百分比两个数据，并分别按完成数量和比例大小进行排列，以促进后进县级综合档案馆的数字化工作。

5. 加强数字化人才队伍建设

实施档案数字化建设，需要不同层次的、不同领域的人才和专家共同参与。对于经济欠发达的西南地区，最大瓶颈就在于人才的缺乏。因此，要实施好档案数字化工作，首先必须解决人才问题，做好人才储备。

一是重视人才引进。由于受传统的档案工作属于“冷门”行业的观念影响，目前我国县级综合档案馆从业人员的专业背景及学历背景比较复杂，他们多数来自非档案专业的其他各行各业，主要学历是大专，年龄偏大。而如今，档案信息化的发展以及社会需求的转变对档案工作人员的能力水平提出了更高的要求，比如信息处理能力、计算机技术水平等；同时，档案数字化工作是对档案原件进行数字化加工处理，它要求确保档案原件的安全，确保数字化档案信息与档案原件相一致，工作人员只有具备档案专业背景，才能更好地胜任档案数字化工作。因此，可以通过设置机构、招录、引进等方式，通过一段时间的努力逐步打造档案数字化专业管理团队，并为其创设良好的工作环境和激励机制以留住人才，为工作的开展打好基础。同时，鉴于档案数量不断增长、档案服务工作量不断增加的发展趋势，国家应出台“随馆藏数量增加而增加档案人员编制”的规定，以促进我国档案事业的科学发展。

二是加强培训和继续教育。档案数字化建设涉及诸多高新技术，是一项技术性很强的工程，它要求工作人员具备信息处理、网络通信、多媒体使用、数据库构建等多项与计算机相关的技术，还能够熟练操作使用扫描仪、复印机、数码相机等现代设备。因此，相关部门应积极组织基层档案保管部门的工作人员进行档案数字化培训，通过请进来和送出去的方式，加大培训和学习力度，使专业队伍不断提高业务知识和专业能力。培训内容围绕提高其计算机水平和信息处理能力展开，提高其现代化技术能力，使其在熟练掌握档案专业基础知识的基础上，能熟练操作计算机及相关设备，掌握档案数字化所需相关软件的使用和加工方法。

三是要充分借助外部智力资源，通过与企业、高校合作，整合社会人才资源为我所用，逐步构建与档案数字化工作要求相适应的、结构合理的档案数字化人才支撑体系。目前，有许多档案馆将数字化工作外包给企业或是聘请具有专业技能的大学生进馆来做，这些都是非常好的做法，值得借鉴和推广。

（五）促进档案异质异地备份工作切实开展，确保档案安全

档案异质异地备份是实施“安全第一”战略、加强档案安全体系建设、防范和化解档案安全隐患的有效手段，在自然灾害频繁发生的地区，档案异地异质备份更是成为抵御自然灾害、保障档案安全的一项重要措施。相关部门应该强化风险意识和忧患意识，树立“花现在的成本买未来安全”的意识，将档案异质异地备份工作作为新形势下档案安全体系建设最重要的内容之一和确保档案安全的底线工作、基础工作，切实做好重要档案异质异地备份工作。基于多数基层档案馆由于受限于档案数字化进展缓慢以致档案异质异地备份工作无法全面开展的现实，我们建议相关档案行政部门以促进县级综合档案馆的数字化工作为基础来推动档案异质异地备份工作，同时还要做好以下几个方面的工作：

1. 制订异质异地备份工作规程

多数基层档案馆的档案异质异地备份工作没有实际开展，已经开展的档案馆则未实现该项工作的常态化，我们认为导致这种现象的原因一是由于多数基层档案馆未实现档案全文数字化而导致没有档案数据可以备份，二是由于档案行政部门缺乏专门针对基层档案馆异质异地备份工作的统一设计和规划。借鉴国家在档案数字化工作中采用的“在规定的时间内完成规定的目标任务”的做法，如国家档案局规定：“到 2020 年全国档案馆档案数字化数量比 2010 年翻两番”、“用 15 年左右的时间使县以上各级国家档案馆对馆藏传统载体档案全部数字化”，我们建议省级档案行政部门制订专门的基层档案馆异质异地备份规程，或者在全省各级综合档案馆档案异质异地备份工作规程中对基层档案馆作出相应的具体要求，并在规程中对档案异质异地备份的具体实施步骤和时间规划等方面进行统一规定，以促进基层档案馆档案异质异地备份工作的切实开展并实现该项工作的常态化。

2. 加大异质异地备份工作经费投入

众所周知，综合性档案馆属于财政全额拨款事业单位，基本没有额外的资金来源渠道，而国家财政每年下拨的经费有限，仅能应付日常性、传统性的档案管理工作，难以应对其他新出现的工作内容。课题组在实地调研中发现，许多新建的县级档案馆中安装了火灾报警控制器和实时监控系统，这种系统可以实现与全州的消防部门实时联动的功能。为使用这种监控系统，县级档案馆需要从县消防大队聘请人员进行 24 小时轮流值班，而这些外聘人员的工资，一些县级档案馆都无力支付。因此，对于“只需购买一些移动硬盘等存储载体、数据压缩软件系统、存放载体的防磁柜”以及“支付长途交通费用”的档案异地备份工作，看似其所需资金不多，但对于经济欠发达地区的县级综合档案馆来说，也是一笔需要慎重考虑的不小支出。而目前县级综合档案馆所采用的以移动硬盘为载体、以人工交付方式进行的档案异地备份模式只是初级阶段或者说是传统模式，将来等数字档案馆建成后，档案异质异地备份肯定会发展到档案信息管理系统容灾备份的现代化模式，即通过在线方式实现实时备份，到时，对相关的硬件平台、系统软件以及备份技术的建设投入会更高，县级档案馆更加难以担负，也就更加需要政府部门的财政支持。而作为公共权力的行使者和公共服务的提供者，政府为档案的安全保护工作提供资金保障也是其本职工作的应有之义。因此，我们建议地方政府对档案部门的异质异地备份工作给予资金支持，而地方政府通过为异质异地备份工作提供基础设施、软硬件平台建设，为基层档案馆开展档案异质异地备份工作提供长效保障。

3. 制订适合自身实际的备份策略

鉴于每种备份方式、存储介质在安全程度、恢复速度以及经济性方面都具有自己的特点，而每一种备份方式也都具有自身的缺陷，如：从存取速度来看，硬盘最快，光盘次之，磁带最慢；从保存时间、备份成本来看，磁带最低，光盘次之，硬盘最高①。因此，档案行政部门应鼓励档案馆根据不同档案介质、不同环境、不同库房设备状况以及不同的需求，科学选择一种或多种备份方式结合，建立适合本地区、本库房的备份方案进行备份，以保证档案在突发性自然灾害发生情况下的安全。

4. 规范异质异地备份选址

国家档案局对省级档案馆档案异地备份选址提出“相距 300 公里以上，不属同一江河流域、同一电网、同一地震带”② 的要求，但是对于基层档案馆而言，考虑到多数档案馆选择本省跨州（市）馆际相互备份的方式并且已经签署异地备份协议，加上自然灾害的实际发生情况，基层档案馆的异地

---

① 国家档案局：《档案馆防治灾害工作指南》，中国档案出版社 2010 年版。

② 同上。

备份选址可以不需要同时符合“相距300公里以上”、“不属同一江河流域、同一电网、同一地震带”的要求。但是，这并不意味着基层档案馆就可以随意选择异地备份的地址而不考虑防险避灾的要求以使档案异地备份工作失去其应有的意义。我们认为，档案行政部门应对基层档案馆异质异地备份选址作出专门的统一规定，比如：考虑到有的馆相距太近可能会同时遭受自然灾害的袭击，可以要求省内互为备份基地的双方档案馆的航空距离必须相距300公里以上；考虑到相邻两省边境地区发生的自然灾害会相互影响，可以规定跨省互为异地备份基地的双方档案馆必须不属于同一地震带或同一江河流域；等等。

（六）制订和完善重大自然灾害应急预案

应急预案由于事先对应急组织的分工、应急资源的配置、应急反应时遵循的步骤做了详细规定，因而对于自然灾害发生后的快速应对和有效救援具有重要意义。面对频繁发生且破坏力日益加大的各种自然灾害，各级档案行政部门及档案保管部门应该增强危机防范意识和应对意识，充分认识到自然灾害的巨大破坏性以及制订应急预案的重要性，构建完善的自然灾害应急预案体系并加强对预案的演练，以不断完善预案，最大程度降低自然灾害对档案的威胁。

1. 制订专门的自然灾害应急预案

目前，在《档案工作突发事件应急处置管理办法》以及有关地方法规的指导下，我国各级综合档案馆基本都制订了应急预案，有的省级档案行政部门还制订了专门针对自然灾害的应急处置预案并要求本地各级档案馆结合地方实际制订相应的自然灾害应急预案。实践证明，相较于笼统的突发事件应急预案，专门性应急预案的可操作性更强、实效性更好，如：1996年湖南省发生洪灾，全省1300多个乡镇和县以下机关企事业单位档案室进水；1998

年发生的洪灾比1996年的严重，范围更广，由于普遍制订了自然灾害应急预案并采取了预防措施，先期做好有关准备工作，只有190多个乡镇档案室因溃坝被淹①。可见，在自然灾害频繁发生的地区，制订专门针对自然灾害的应急预案是有必要的。我们还发现，在上级档案行政部门提出明确要求的地区，档案保管部门制订自然灾害应急预案的行为越普遍。为提高预案的针对性和可操作性，确保救灾的有效性，我们建议尚未制订自然灾害应急预案的省级档案行政部门尽快制订出台相关的规定，并要求地方各级档案馆制订专门的自然灾害应急预案。

2. 修订和完善自然灾害应急预案

目前，许多基层档案馆并没有制订专门的自然灾害应急预案，为保障灾害防治的针对性和有效性，我们建议尚未制订自然灾害应急预案的档案馆尽快着手制订自然灾害应急预案。基层档案馆在制订应急预案时，应本着对本馆负责、突出针对性的原则，摒弃以往的交差应付心理，根据本馆的人员结构、馆藏档案内容、馆藏位置以及消防设备存放位置等实际情况，制订具有针对性和可操作性的应急预案，有条件的还可绘制馆藏结构图、消防器材设施位置图及应急救灾步骤图等，作为预案的重点内容要求相关人员加以掌握。对于已经制订自然灾害应急预案的档案馆，我们发现其应急预案其内容体系大都是沿用上级档案行政部门制订出台的应急预案的内容，区别只在于领导小组人员名字及联系方式的不同。这种千篇一律、缺乏针对性的应急预案只能用作应付检查，其实效性是值得怀疑的。为此，我们建议已经制订自然灾害应急预案的县级档案馆对预案内容进行修订和完善，以提高预案的针对性和可操作性。

① 王良城：《自然灾害对档案的侵袭与应对策略》，《档案学通讯》2010年第3期，第75页。

3. 加强对自然灾害应急预案的演练

Joseph L.Brockington 等人认为，危机应对的成功与否取决于是否拥有一个设计合理、协调统一、经过演练、灵活变通的应急计划，而仅仅制订应急计划而不进行时时演练是达不到效果的，并且必须根据变化了的新情况对应急计划进行及时修改和更新。可见，应急预案的演练对于促使应急人员熟练掌握救灾步骤、熟悉救灾设备放置使用情况、提高应急救灾水平以及养成冷静沉着的心理素质都具有重大作用。而且，通过演练，还能发现应急预案存在的问题和漏洞，及时加以修改和弥补，提高预案的有效性。为此，我们建议县级档案馆加强对自然灾害应急预案的演练，以提高应急救灾的实效性；而上级档案行政部门可以对档案馆应急预案演练进行时间、频率方面的强制性规定，并对演练情况进行检查和通报，以此促进县级档案馆应急预案演练工作的实际开展。

二、档案自然灾害预警

档案自然灾害预警是指档案机构依托各种信息技术平台监测自然灾害信息，对这些信息进行收集、分析和评估，并通过各种信息渠道及时对特定的目标人群发布警示信息，从而把自然灾害可能给档案部门造成的损失降至最低。预警技术在文物保护领域早已被广泛运用，2007 年敦煌研究院和浙江大学联合开发了敦煌莫高窟环境监测预警系统，它通过无线监控、数据处理和屏幕显示，随时可以在莫高窟接待部总调度室的屏幕上观察到莫高窟 10 个开放洞窟的温湿度及 4 个洞窟的二氧化碳浓度变化，根据数据变化，接待部可合理安排游客流量，当某一监测洞窟的温湿度、二氧化碳浓度超过正常值时，屏幕上的数据显示会由绿色变为红色，表明该洞窟环境负荷超载，需要暂停开放。[①]与敦煌莫高窟环境监测预警系统的作用相类似，档案自然灾害预警作为防灾减灾的事前准备，在“危机即将发生时，预警系统及时地发出警报，从而减少为判断灾害是否发生而浪费时间，这样就能大大提高对危机反应的速度。在危机发生早期，采取快速反应就可以切断或阻延危机的扩散，减少危机对档案管理造成的损失”[②]。

档案自然灾害预警系统建立的目标主要有三个：一是通过对各种自然现象进行实时监测，对获取的数据进行科学分析并及时准确地进行发布；二是对气象、地质、消防等相关组织提供的预警信息进行整合处理，并将整合的信息及时发送给相关政府部门、档案部门和特定人群；三是确保档案部门在收到其所发布的预警信息后快速行动，采取有效措施进行抗灾减灾。从防灾备灾的层面来看，档案馆基础设施的完善、馆藏档案数字化及档案异地备份工作、制订档案安全应急预案是在灾害未发生时和灾害发生前所做的预防工作，档案灾害预警则主要是对即将发生的自然灾害进行监测和警示。预防和预警都属于档案灾害管理工作中的前端控制部分，其主要功能都是最大限度地降低档案灾害发生所造成的损失，保障档案安全。

档案自然灾害预警系统由预警信息收集系统、预警信息分析系统、预警决策制订系统和预警信息发布系统组成（见图 6—7）。它必须依托现代化的技术手段对地质、气象、地震等部门的自然灾害信息进行实时监测和分析，建立灾害信息数据库，通过畅通的突发事件信息通报网络，根据不同情况向不同范围的组织进行及时通报。其要求的设施平台、技术条件及组织管理条件都比较高，因而，目前我国档案灾害预警建设则基本上处于未启动状态。我国对于灾害预警的投入少，灾害监测手段不完善，预警信息共享程度低，预警信息的发布覆盖率低，保障设施跟不上，这些问题严重制约了档案馆防御灾害的能力。国家和各级档案行政部门须予以重视，加大经费的投入，保

① 方志华:《莫高窟保护经验带给档案保护的有益启示》,《中国档案报》2010 年 11 月 1 日。

② 卞咸杰:《档案危机管理预警系统的构建》,《档案学研究》2008 年第 3 期，第 29 页。

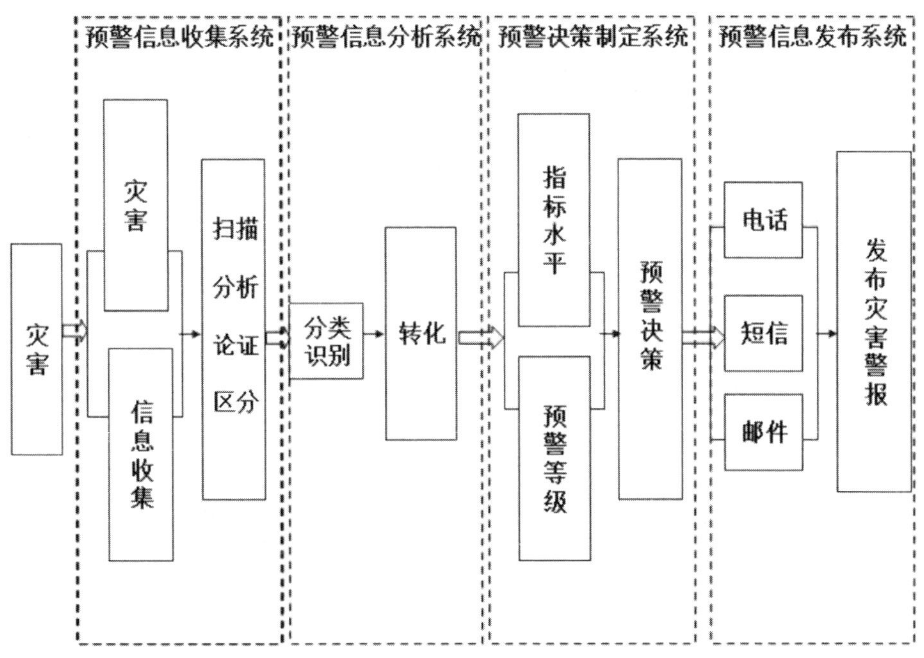

图 6—7　档案自然灾害预警系统

资料来源：毛惠芳：《预警 应急 抢救——档案灾害管理体系的构建》，安徽大学，2010 年。

障预警系统的建立。而各级档案保管机构应从各自的实际出发，因地制宜，考察档案馆可能遇到的档案灾害风险，提高灾害意识，构建长效的档案灾害预警系统，从而最大限度地降低档案灾害发生所造成的损失，保障档案安全。

（一）预警信息收集系统

信息收集是整个灾害预警系统正常运转的基础，能否及时、全面、准确地收集到各种相关有效的信息，将对整个预警系统的成败产生决定性的影响。档案自然灾害预警信息收集的内容主要包括灾害的类型、灾害发生的地点和时间、灾害的规模和影响、可能引发的次生灾害、灾害发生的原因等。对于已经发生的自然灾害，其内容还应包括已造成的损害和已采取的初步应对措施。在明确了各式各样的灾害信息来源渠道后，档案部门应该从这些信息源着手，尽可能全面、完整地收集可能对档案部门产生影响的灾害信息，进而确定各种灾害对档案管理的影响程度，档案部门据此能够争取把灾害消灭在萌芽状态，或将灾害造成的损失减少到最低限度。

目前，我国实行的是分部门、分灾种的单一灾情的预警信息收集管理模式。如对地震灾害的监测和预警信息发布由地震局负责，地震灾害的救援由民政局负责；对地质灾害的监测和预警信息发布由国土资源部负责；对气象灾害的监测和预警工作由国家气象局负责。预警信息主要通过各种传播媒体进行发布，如电视、广播、报刊、手机短信、电子显示屏等。档案部门平时可以根据所在的区域及自身需要定制一些灾害信息，如恶劣天气警报和通报，台风、地震信息等，这些信息可以通过电子邮件或手机短信的方式进行接收。档案部门除了通过以上途径收集预警信息之外，还可以通过政府相关部门的门户网站或专业网站进行收集。这些专业的安全网站中，中国气象局（http://www.cma.gov.cn/）发布台风、暴雨、寒潮、沙尘暴、雷电等气象灾害预警信息；国土资源部（http://www.mlr.gov.cn/）、中国地质调查局（http://www.cgs.gov.cn/）、中国地质环境信息网（http://www.cigem.gov.cn/）发布全国地质灾害气象预警预报；中国地震信息网（http://www.csi.ac.cn/）发布地震信息和地震数据；国家海洋环境预报中心（http://www.nmefc.gov.cn/）发布最新风暴潮警报、最新海啸警报；中国消防在线（http://119.china.com.cn/）发布重大隐患、火灾信息；中华人民共和国公安部（ http://www.mps.gov.cn）发布警情提示和警情通报。

档案部门在预警信息收集的过程中，要注意多角度、全方位对相关信息进行收集，必要时还要进行实地调查，以确保信息的全面性、准确性。由于技术条件的限制及其他方面的原因，全国各种灾害信息的预警覆盖率并没有达到 100%，也即政府部门在一些偏远地方的预警信息发布是存在盲区的，如中国气象局和国家统计局 2009 年的抽样调查表明，全国气象灾害的预警覆盖率平均为 82.3%。近两年预警覆盖率有所提升，现在全国气象灾害的预警覆盖率大概在 85%左右，力争到 2015 年，气象灾害预警信息公众覆盖率达到90%以上。[①] 在目前这些预警信息没有覆盖到的盲区，档案部门尤其要注意加强与当地政府部门的沟通联系，以及时发现、收集灾害信息。此外，我国目前采用的分部门、分灾种的突发事件预警信息收集管理系统与条块分割的政府管理体制相吻合，采用树型结构，这种树型结构容易导致信息传递的层次多、渠道复杂，使得基层部门收集的预警信息存在迟滞、冗杂甚至不准确等情况，需要档案部门加强甄别。

为全面掌握各种灾害信息，档案部门应设立专门的信息机构，由专门领导负责，并配备人数合适的信息收集人员，在自然灾害发生前，信息机构应快速反应，确定灾害信息收集的途径和范围，全面、准确地收集以上政府相关部门及各新闻媒体发布的预警信息，并建立档案灾害信息数据库。此外，在条件允许的前提下，档案部门还可以自己研发或购买专门的危机预警系统，这种系统独立安装了传感器，在接收到灾害信息后能迅速把信息传递给中央控制系统，以触发控制系统紧急制动。这种预警系统比人工收集、分析、发布灾害信息后再作出应急反应要迅速、有效得多。当然，由于这种系统要依托先进的高科技手段进行信息收集、传递和发布，其购置和维护等所需的经费投入当然是相当大的。这就需要相关档案部门加大经费投入，根据实际情况进行硬件和系统的配置。

（二）预警信息分析系统

信息分析的任务是对从各种渠道收集得来的信息、情报进行整理、归类，并对其进行深层次加工分析，以形成对灾害处理有效的新信息。这是灾害预警系统的核心。由于灾害信息的来源是多渠道、多角度的，需要进行整理，并对其中的错误虚假信息和干扰信息进行排除。错误虚假信息往往是由于信息传递的多渠道和多层级性导致。面对海量信息，预警信息分析系统通

① 刘毅：《灾害预警走“绿色通道”》，《人民日报》2011年7月31日。

过对信息传递过程的各个环节进行审核，剔除错误信息和干扰信息，保留真实有用的信息，为预警决策做好准备。

预警信息分析系统需要在预警信息收集系统建立的档案灾害信息数据库的基础上进行信息分析。数据库提供的数据越全面，信息分析的结果才越准确。预警信息分析系统根据档案灾害信息数据库提供的数据，组织专家组对灾害发展过程进行分析，全面分析灾害发生的诱因、演进过程和扩散方式，预测灾害类别、灾害大小、灾害持续的时间以及灾害对档案的影响等；分析判断灾害的危害程度，如实反映已受到的损害，估计可能发生的潜在危害，分析灾害损害档案的方式及可能威胁到的档案范围；分析应对灾害所需要的主客观条件和内外部资源，针对防控灾害的可行性策略提出建议，并作出是否需要发出预警报告的判断，以便发出及时、准确的预警报告，并据此形成档案灾害应对的总体规划。

（三）预警决策制订系统

预警决策制订的主要任务是根据预警信息分析系统得出的数据结果，对灾害预警的级别进行判定，并作出是否发布警报的决定。灾害预警级别分为4级，Ⅰ级用红色识别标志，Ⅱ级用橙色，Ⅲ级用黄色，Ⅳ级用蓝色，预警级别越高，对档案安全的威胁就越大。比如，当发生特大暴雨、档案损失严重时，就发出红色警报，当发生一般暴雨、档案损失较轻时，就发出蓝色警报。预警决策制订系统会根据信息分析的结果进行判定，发出相应的警报级别。档案部门根据所发布的预警级别的大小，视情况作出相应的预警响应，同时启动相应级别的应急预案。（见表6—1）要注意的是，档案自然灾害预警决策系统还会密切关注灾情发展情况，据此适时调整预警级别，并将调整结果及时通报各档案机构。

表 6—1　档案馆（室）灾害预警级别及其响应

级别	识别标志	预警级别标准	预警响应
Ⅰ级	红色	总水管爆裂、特大火灾、暴雨（Ⅰ级）、高温（Ⅰ级）、地震、国内动乱、重大档案盗窃、重大生物灾害	局领导实行 24 小时值班；每 3 小时提供一次档案灾害演变情况；每 3 小时向上级主管部门汇报灾害分析情况；向档案馆工作人员发布相关信息。
Ⅱ级	橙色	库房渗水、电路老化、暴雨（Ⅱ级）、高温（Ⅱ级）、恐怖袭击、档案计算机系统崩溃、生物灾害	局领导实行 24 小时值班；每 6 小时提供一次档案灾害演变情况；每 6 小时向上级主管部门汇报灾害分析情况；向档案馆工作人员发布相关信息。
Ⅲ级	黄色	水龙头漏水、电路短路、暴雨（Ⅲ级）、雷雨大风（Ⅲ级）、寒潮（Ⅲ级）	档案馆（室）负责人实行 24 小时值班；每 12 小时提供一次档案灾害演变情况；每 12 小时向上级主管部门汇报灾害分析情况；向档案馆工作人员发布相关信息。
Ⅳ级	蓝色	密集架突然倒塌、机器出现故障、高温（Ⅳ级）、雷雨大风（Ⅳ级）、寒潮（Ⅳ级）	档案馆（室）负责人实行 24 小时值班；每 24 小时提供一次档案灾害演变情况；每 24 小时向上级主管部门汇报灾害分析情况；向档案馆工作人员发布相关信息。

资料来源：毛惠芳：《预警　应急　抢救——档案灾害管理体系的构建》，安徽大学 2010 年版。

（四）预警信息发布系统

预警信息发布系统的主要任务是通过合适的渠道把预警决策制订系统得出的预警信息向相关部门或特定人群进行发布，在危机解除时对外宣布取消预警信息。其所发布的信息内容包括：自然灾害的种类、发生时间和地点；灾害产生的影响和可能引发的次生灾害；受影响部门应采取的行动措施；预警信息的来源；通报预警信息的时间；等等。

为了保证能及时接收到预警信息，档案机构应优化组织结构，保障形成畅通的沟通联络渠道，在成立内部应急响应组织机构的同时，还需加强与政府专业应急救援部门的平时联系，以保证在接收到预警信息后能快速作出应急响应。同时，档案机构应依托各种先进的信息通信技术，建立通畅的预警信息通报网络，以保证预警信息得到及时的上传下达。有时在几秒甚至十几秒的时间内，就可以通过发布预警信息和采取减灾措施来降低或避免自然灾害的破坏。比如，在地震预警中，在预警信息发布与开始剧烈摇晃、产生破坏性损害之间有一个时间间隔，这个时间间隔会因地点离震中距离的不同而不同，但一般都很短，通常是十秒到几十秒。而这个以秒为单位的时间间隔，却也足够用来让人们通过紧急制动或采取减灾措施来减缓灾难所带来的损失。因而，预警信息发布得越快、接收得越早，档案机构就越有可能采取应急措施，把灾害带来的损失减少到最低。

第六章　档案自然灾害应急与受灾档案抢救

档案自然灾害应急是在自然灾害发生后档案部门作出响应的处理过程，以阻止灾害对档案的进一步破坏并使损失降至最低。由于自然灾害突发性强、破坏性大，因此，对自然灾害的应急响应速度也是决定灾害防治效果的主要瓶颈之一。档案自然灾害应急工作涉及综合应急救援力量体系的构建、应急物资储备、应急通信和信息保障及应急技术支撑。受灾档案抢救是保护档案安全的最后一道防线，是灾害发生后对受损档案进行抢救和修复的一项工作。其工作流程包括灾害损失评估与抢救方案制订、受灾档案抢救与修复、受灾档案抢救效果的评价与抢救经验的总结，其工作内容涉及了对受灾档案的除尘去污、消毒灭菌、祛湿干燥、修裱加固、字迹恢复以及对档案信息系统的灾难恢复等等。应急和抢救作为档案自然灾害“治”的阶段，都属于自然灾害发生后相关部门采取的行动措施，其主要任务是控制灾害形势和减少灾害损失，其主要目标在于最大限度减少自然灾害带来的破坏和影响，保护档案安全。

一、档案自然灾害应急

（一）构建综合应急救援力量体系

重大自然灾害发生后，应急救援力量体系构建应遵循“以政府部门为主导、以档案部门为主体、协调相关部门应急合作、动员全社会参与救援”的思路，为档案自然灾害应急抢救工作提供保障。

1. 以政府部门为主导

政府作为公共权力的行使者和公共服务的提供者，在自然灾害应急中处于非常重要而特殊的地位，它是灾害管理的主体、最主要的承担者和救灾工作的主导者，其拥有的公共权力和社会资源为其进行自然灾害事件的管理提供了充分条件。目前，国务院是我国自然灾害应急管理工作的最高行政领导机构，在国务院统一领导下，设立国务院应急管理办公室、国家减灾委员会和全国抗灾救灾综合协调办公室等综合协调管理机构，负责自然灾害应急管理和救助的协调和组织工作。[①] 在地方层面，我国县级以上地方各级人民政府均设立了由本级人民政府主要负责人、相关部门负责人、驻当地中国人民解放军和中国人民武装警察部队有关负责人组成的突发事件应急指挥机构，统一领导、协调本级人民政府各有关部门和下级人民政府开展突发事件应对工作。而且，相对而言，公安、武警、消防等专业救援队伍受过专门训练，其行动迅速，应急能力强，救灾设施齐备，能采取有效措施消除自然灾害对档案的威胁，抢救受灾档案。

因此，在自然灾害应急中，档案安全保护工作仍然要以政府部门为主导。政府在协调处置灾区各项事务的同时，需一并关注灾区档案工作。在抢

① 张乃平、夏东海：《自然灾害应急管理》，中国经济出版社 2009 年版，第 41 页。

救、转移受灾档案时，政府部门要统筹安排，提供物资和人力保障；在抢救修复灾后受损档案以及恢复重建灾区档案馆等工作中，政府部门应将其纳入统一规划，提供资金和人力的支持。例如：在2008年汶川大地震中，解放军战士、武警官兵、消防部队冒着生命危险从废墟中挖掘、抢救出了大量珍贵的档案史料；四川省政府发布的《北川羌族自治县县城地震灾害现场及同类灾害现场清理保护规定》中，将档案部门列入灾害现场清理保护工作机构；四川省政府办公厅印发了《关于做好地震灾区档案抢救保护收集工作的通知》，以指导地震灾区档案的抢救收集工作；国务院发布的《汶川地震灾后恢复重建总体规划》中，把四川全省42个档案馆全部纳入灾后重建规划①。

2. 以档案部门为主体

在自然灾害应急中，档案系统应强化档案安全保护的主人翁意识，上下齐心协力，加强组织领导，不等、不靠，积极主动开展自救工作。尤其是对于档案部门内部可以控制的自然灾害，档案部门更应该依靠自身力量，肩负起抢救和保护档案的责任，尽全力减小灾害造成的损失。从国家档案行政管理部门到各省、市档案行政管理部门，再到基层单位档案部门都应该建立档案应急领导小组，在灾害发生时，发挥专业素质和技能优势，启动本领域内的应急预案，指挥、协调灾害应急救援工作。比如，在救灾过程中，档案部门要加强与政府部门专业救灾部队以及志愿者队伍的配合，档案部门救灾指挥小组要对档案存放的位置、被掩埋档案的挖掘地点、档案转移搬运中应使用的工具和注意事项等进行指引，确保受灾档案得到最大程度的抢救。同时，还应发挥档案部门应有的工作职能，做好服务工作，为救灾以及灾后重建工作提供相关资料。其他未受灾地区的档案机构也应当配合国家和地方档

---

① 胡金玉：《汶川地震中受灾档案的保护与抢救及其启示》，《2011年海峡两岸档案暨缩微学术交流会论文集》2011年版，第38页。

案行政机构的统一调度，对口支援灾区档案系统的工作。2008 年汶川地震后，国家档案局建立了档案部门对口援建机制，北京、上海、山东、辽宁、江苏等 18 个援建省市档案部门积极行动，深入到对口援建档案部门了解灾情，开展经济援助、物资援助、技术援助、人员培训援助、馆库建设援助等，为灾区档案部门在最短时间内恢复工作秩序和开展重建工作发挥了重要作用，成为档案部门抗震救灾和恢复重建工作取得胜利的有力支撑①。

3. 协调相关部门应急合作

相关部门通力合作更有利于档案部门抗灾救灾以及灾后恢复工作的开展。档案自然灾害应急响应中，需要协调合作的相关部门包括：

（1）图书馆、博物馆、文化遗产保护机构等科学文化事业机构。档案部门可以与他们共同制订灾区受损档案的抢救方案、研究受损档案的修复技术和方法，同时寻求人员、物资和技术方面的帮助。必要时还可以向国际档案组织寻求指导与帮助，以寻找到最佳抢救措施和技术方法，解决各种类型载体档案的抢救修复问题，尽快恢复档案信息系统的数据和功能，把灾害影响减轻到最低程度。

（2）气象局、地震局、国土资源局、水文观测站、天文台等灾害预警预报机构。在应急过程中，档案部门应设立专人负责与这些灾害预报部门的联系，以随时掌握自然灾害的变化情况，并通过畅通的信息平台向灾害应急组织发布最新灾害信息，以利于应急组织根据变化的情况在应急物资和救援力量等方面进行调整。

（3）电视台、广播站、通信运营商等新闻媒体、通信单位。通过与他们保持联系，适时报道灾区档案抢救情况、受损档案文献情况，以便公众了解信息及获得社会力量的支持。

---

① 胡金玉：《汶川地震中受灾档案的保护与抢救及其启示》，《2011 年海峡两岸档案暨缩微学术交流会论文集》2011 年版，第 41 页。

（4）档案信息系统软硬件服务商、网络运营商等。通过与他们保持联系，以便在灾难期间和之后执行关键活动，为档案信息系统功能的恢复和还原提供技术保障。

4. 动员全社会参与救援

在自然灾害的应急过程中，必须紧紧依靠各种社会力量，在政府部门的主导作用和档案部门的主体作用下，广泛动员社会成员及团体组织参与救援工作。可以说，在应对自然灾害的过程中，全社会协作意识的强弱直接左右着救灾工作的成效。然而，在我国，人们普遍认为自然灾害的治理是政府的“天职”，社会成员和组织参与抗灾救灾的协作意识和能力不强，形成了“政府单中心治理、社会参与缺失”现象。随着当今社会各种自然灾难的频发，单靠政府力量进行救援已显得力不从心，因此，多元的救灾参与主体成为社会发展的必然要求，强化自然灾害应急中全社会的协作、参与十分必要。档案工作涉及各行各业，档案文献记载人类记忆、传承人类文明，与全体社会成员息息相关，对社会的发展进步起着重要的作用。比如，人事档案、户籍档案、婚姻档案、养老保险档案等涉及个人切身利益的档案在维护人民群众合法权益中发挥着不可替代的作用。可见，档案自然灾害中的应急保护工作关乎全社会的利益，更需要全社会力量的参与和协作。在强调政府部门主导作用、突出档案部门主体作用、强化相关部门协调合作的同时，档案部门应当重视来自社会公众的力量，动员社会上的各种援助力量，包括非营利组织和志愿者，共同做好自然灾害应急中的档案安全保护工作。

总之，面对频繁发生且破坏力逐渐加大的自然灾害，档案部门需要加强与政府部门的专业救援队伍、图书馆等其他科学文化事业机构、气象等灾害预报部门甚至全社会力量的沟通与协作，以提高应急效率和应急能力。值得一提的是，“互联网＋”时代的现代信息技术成果为档案部门实现与这些部门及力量的合作提供了条件，并使得这种合作更富效率与成效。顾名思义，“互联网＋”就是“互联网＋传统行业”，即通过互联网与传统行业的整合，创造新的产业，带来巨大效益。在 2015 年 3 月召开的十二届全国人大三次会议上，李克强在政府工作报告中首次提出“互联网 +”行动计划，使得“互联网 +”成为众人皆知的一个热门词语[①]。“互联网 +”时代的本质就是大数据时代，进入这个时代的各行各业要想有所突破有所发展，就必须进行开放、融合和创新。同理，档案部门要想在自然灾害防治中取得实效，也可以利用“互联网 +”的思维和技术进行灾害信息的共享整合、共享以及与其他部门和力量的沟通协作。

首先，建设档案部门自然灾害信息数据库。各级档案部门的自然灾害信息数据库建设应该由各省级档案行政部门牵头，各级档案部门参与建设，为档案保管部门的防灾抗灾工作提供信息参考。该数据库的内容主要包括本地区常发自然灾害的类型、发生的地点和时间、规模和影响、可能引发的次生灾害、灾害发生的原因等。对于已经发生的自然灾害，其内容还应包括对档案部门已造成的损害和已采取的初步应对措施。在明确了各式各样的灾害信息来源渠道后，档案保管部门应该从这些信息源着手，尽可能全面、完整地收集可能对本部门产生影响的灾害信息，进而确定各种灾害对档案管理的影响程度，档案馆据此能够争取把灾害消灭在萌芽状态，或将灾害造成的损失减小到最低限度。

其次，构建档案部门自然灾害应急联动系统。该系统主要由省（区、市）内各基层综合档案馆自行构建，相距不远的基层档案馆之间也可以联合构建。其主要任务是在自然灾害发生时，通过该系统把灾害信息和处置情况及时准确地向专业救援队伍、相关科学文化事业部门等特定群体进行发布。档案馆可以依托各种先进的信息通信技术，建立通畅的灾害、救援信息通报网络，以保证信息得到及时的上传下达。有时在几秒甚至十几秒的时间内，就可以通过发布灾害信息，和专业救援人员及保护技术人员取得联系，采取减灾措施来降低或避免自然灾害的破坏。

① 尹立：《“互联网 +”时代的思维与制度》，《社会观察》2015 年第 7 期，第 9 页。

（二）重视应急物资储备

应急物资为整个应急系统的运行提供物质基础。自然灾害的发生往往具有突然性，一旦发生，会形成对应急救援物资、应急处置装备和生活必需品等应急物资需求的瞬间扩张，因此，应急物资供应是否及时和充足决定了应急管理的成效。

目前，我国已建立了救灾储备物资管理制度，救灾储备物资以地方各级政府储备为主。目前，全国已设立了10个中央级应急物资储备库、31个省级应急物资储备库、251个地级储备库（占全国所有地市的75.3%）、1079个县级储备库（占全国所有县市的37.7%）。由于中央储备库数量较少且大部分分布在我国东、中部地区，西部地区代储点少（仅西安、成都、南宁三个），而且县级储备库的覆盖率低，国家应进一步健全应急物资储备管理制度，扩充县级应急物资储备库建设，完善应急物资生产、调拨和紧急配送体系，确保应急所需物资的及时到位，并加强对应急抢救物资储备的监督管理，及时予以补充和更新。各级地方政府应根据有关规定和要求，切实做好应急物资储备工作。

档案保管部门应重视应急物资储备及管理工作，以做到大灾面前能自保，小灾面前能自救。对于尚在旧馆办公的档案馆来说，应该想办法在办公大楼、库房的关键部位备足自然灾害发生时可供使用的抢险设备，如灭火器、消防栓及消防应急照明设备等，没有消防通道而又实在没有办法改、扩建的档案馆应想办法尽快选址重建。各档案馆对已配备的应急物资应定期进行检查与维护，对有问题的或到使用期限的应急物资应该及时更换，始终确保应急物资的可用性。为避免重复建设，提高资源的使用效率，档案馆可与当地其他档案保管机构之间构建应急物资“联合储备体系”，加强对各种应急物资储备的共享，构建一定层次上的合作伙伴关系。

（三）加强应急通信与信息保障

通信与信息保障是指在灾害应急中，为物资供应、人员调度、信息上传下达等提供指挥调度应急通信手段，确保应急期间信息畅通无阻，迅速传递，以最大限度保障应急救灾的成效。

档案自然灾害应急中需要传递的信息包括：各应急小组人员的联系方式；档案资料以及救灾设备、物资分布相关信息；灾害发生演变趋势；抢救工作进程；档案受损情况信息；等等。这些信息的迅速、有效传递，对抢险救灾的成效起着重要的保障作用。档案部门应依托精良的现代化信息通信装备和完善的信息通信设施，构建“统一响应、统一调度、统一资源、统一行动”的通信平台，保障语音、视频、数据等多种信息的高效传输和及时展现，为现场应急指挥、人员调度、信息发布等多种业务实现多种通信方式的互联互通，完成内部处置信息的上传下达和对社会公众的公开发布。同时，档案部门应建立健全应急通信保障系统的维护制度，以确保在各种自然灾害应急抢救中圆满完成应急通信保障任务。

（四）提供应急技术支撑

档案的原始记录特性决定了其是不可再生资源，一旦被毁，即可能造成历史空白。因此，自然灾害中的档案抢救修复工作必须具有高度的有效性，而现代档案保护技术的创新和应用大大提高了档案抢救修复工作的有效性，为受灾档案抢救修复提供了有力支撑和保障。档案自然灾害应急抢救包括挖掘、整理、转移、去污、冷冻、消毒、干燥、修裱、加固等一系列过程，涉及冷冻技术、消毒技术、干燥技术、修裱技术、数字化技术、项目管理学技术等多种现代化技术。这些现代技术已被广泛运用于受损档案的抢救修复工作之中，并取得了良好的效果。例如，在汶川地震之后，为抢救修复北川受损档案，档案保护专家们设计研制了多种修复设备和方法，包括档案自动清扫机、档案文件电子消毒柜、移动式档案臭氧杀菌冷冻灭虫柜、纸质档案纸浆修补机、真空干燥技术、环氧乙烷消毒技术、抽样调查统计分析技术、项目管理技术、"U 形修补法"、"O 形修补法"等，为北川档案的大规模修复提供了专用设备和技术支持。① 对此，国家档案局局长杨冬权同志给予了充分肯定："北川地震受损档案修复工作，先后攻克了低温冷冻、真空干燥、消毒灭菌、修复整理、数字化处理等技术难题，成为新中国成立以来规模最大、难度最大的档案抢救修复工作的成功案例，这也是档案部门处理突发事件，集中全国技术优势大批量抢救受灾档案的重大实践，填补了大规模应急处置严重霉变和污损档案的空白。"②

鉴于档案自然灾害应急抢救中技术支撑的重要性，国家档案部门应依靠档案保护技术专家，在已有技术创新的基础上，继续加强国家档案应急抢救的科学技术研究。同时，加强专业教育，坚持不懈地培养国家档案应急抢救与修复的专业人才，加大在职培训，提高现有档案抢救与修复人员的理论水平和实际操作技能，保证应急抢救质量，提高工作效率。档案应急抢救期间，为了能尽最大可能抢救受损档案，保护即将受损的档案，应成立由具有档案安全保护知识、多年从事档案保护技术研究、具有丰富档案保护工作经验的专业人员组成档案应急抢救技术专家组，负责灾害的险情鉴定、险情控制、档案转移、受损档案抢救和恢复等方面的技术咨询，为妥善处置档案突发事件提供专业技术上的支持③。

---

① 孙洪鲁、王宜欣：《"北川受损档案"抢救与修复技术》，《中国档案》2009 年第 5 期，第 34—35 页。

② 孙洪鲁：《科技创新：重大灾难受损档案抢救的技术支撑》，《2011 年海峡两岸档案暨缩微学术交流会论文集》2011 年版，第 56 页。

③ 毛惠芳：《预警应急抢救——档案灾害管理体系的构建》，硕士学位论文安徽大学，2010 年，第 24 页。

二、受灾档案抢救

（一）确立受灾档案抢救原则

1. 统一指挥，分级负责

该原则有两层含义：一是要将受灾档案的抢救修复工作纳入当地政府抢险救灾工作进行统一指挥，确保受灾档案得到及时抢救；二是受灾档案的抢救工作要在档案自然灾害应急指挥小组的统一指挥下进行，由应急指挥小组制订抢救工作的总方针，统筹规划，掌握全局，以实现救灾资源的有效整合，保证受灾档案抢救工作的安全、有效开展。各级档案部门必须在应急指挥小组的领导下，明确各自的分工以及对应的职责，分工负责，按级实施，使受灾档案抢救工作得以有序开展。

2. 部门联动，密切合作

受灾档案的抢救必须以档案部门为中心，依托档案专业知识和技术，确保受灾档案抢救的针对性和有效性。灾害发生后，档案部门还应积极与图书馆、博物馆、文化遗产保护机构、信息技术开发研究机构等专业机构取得联系，争取获得人员、技术、物资上的支持，增强对档案进行抢救和修复的力量。如 1966 年意大利遭受洪灾，档案部门就请求图书馆、博物馆领域的专业人员来帮助修复破损档案。①

3. 保证重点，优先抢救

在档案抢救工作中，要坚持“先重点后一般，先抢救后修复”的处置原

① 黄霄羽：《国外档案部门抗震救灾经验分析》，《中国档案》2008 年第 7 期，第 26 页。

则，优先抢救重要档案、珍贵档案、受损最严重的档案。由于多数档案是孤本，无比珍贵，一旦受损，可能造成某段历史的空白或历史资料的残缺，后果将无法挽回，因此必须保证优先得到抢救保护。而灾害过后，那些受潮、浸水的档案容易滋生霉菌，书写字迹容易褪掉、模糊，纸张容易黏连形成档案砖，相比那些在灾害中只是被土掩或是受尘土污染的档案而言，其受损程度更深，修复难度更大，因此也必须得到优先抢救。如果在抢救工作中，不分重点和先后顺序，而是眉毛胡子一把抓，则可能会"捡了芝麻丢了西瓜"，造成意料之外的更大损失。因此，在档案抢救工作中，必须集中主要力量，采用多种方法，确保重点档案、珍贵档案和受损最严重档案得到优先抢救。

4. 最小干预、保持原貌

2007年，四川省档案局印发了《档案馆国家重点档案抢救和保护工作暂行办法》，规定了国家重点档案抢救和保护工作所遵循的原则："在维护党和国家历史真实面貌的前提下，充分利用档案的原基础，注意保持全宗档案的齐全完整，尽量留存档案的全部信息，便于档案的管理检索与利用。"后来有关专家把它归结为"最小干预原则"。"最小干预、保持原貌"是指抢救修复档案时，要以最大限度地保持档案修复前的原貌为前提，选择风险最小、效果最佳的方法和最耐久的材料，科学合理地确定修裱档案的范围和应采取的措施，力求所选择的抢救修复内容、修复材料、修复方法等均对档案本体的干预最小①。

"最小干预、保持原貌"原则体现在档案抢救修复的各个环节，包括修复前的整理阶段、修复的实施阶段以及修复后的整理阶段。②首先，在修复前的整理、转移阶段，"最小干预、保持原貌"原则要求在整理、装箱运转

① 林伦菊：《浅谈国家重点档案抢救与保护的"最小干预原则"》，《四川档案》2008年第6期，第18页。

② 同上。

时，要保持档案的原始顺序，严格按照其所在的全宗、目录、案卷进行整理和转移，严禁打乱重整或把归属于同一全宗的文件分箱整理和转运。对于那些由于散乱混淆而确实无法判定其所属全宗的档案文件，则可以装入同一运转箱内，但在其排列上也应尽量反映其原有状况，能分开的应尽量分开排列。在确定修复对象时，只能对那些内容信息受损的档案主要进行修复，对于只是页边受损而未影响内容信息的档案则尽量不予动工修复，对于未破损的档案文件则严禁实施修复。在修复的实施阶段，“最小干预、保持原貌”原则要求修复所用的材料尽量与被修复档案的材料保持一致，如材料的颜色、结构、厚度等，以使修复后的档案呈现出与其原即始状态相一致的性状。在修复后的整理阶段，“最小干预、保持原貌”原则要求将修复完毕的档案放入其原有的全宗、目录和案卷之中，且尽量保持其原始编号。

5. 技术创新，保证质量

北川档案抢救中，国家档案局组建的专家组研制并运用国内最先进的抢救技术，采取低温冷冻技术控制档案继续霉变水解，研制大型真空干燥设备对档案进行脱水处理，采取环氧乙烷混合气体对档案进行大规模、彻底地消毒灭菌，创新了严重霉变、污损灾害档案的应急处理技术。在修复管理严重受损档案中，首次运用了系统抽样方法，统计分析修复工作量，统筹修复工作，创新了管理方式。事实证明，这些新技术的开发和应用为北川档案抢救和修复提供了重要保障。档案部门应继续加强档案抢救新技术、新设备的开发研究，以科技进步强力支撑防灾减灾工作。同时，为保证档案修复工作的质量，档案行政部门应制订各项修复工作流程的标准和规范，如档案文献抢救办法和程序、档案文献损毁级别划分标准、各类灾害损毁档案文献修复技术标准等，以规范、优化受灾档案抢救的操作流程、方法，切实保证档案抢救修复的质量。

（二）熟悉受灾档案抢救流程

1. 灾害损失评估与抢救方案制订

灾害结束后，档案部门应与有关部门密切配合，对档案灾害的原因、影响、损失情况、应急抢救情况、部门分工及责任等进行调查，并形成调查评估报告。然后，根据调查所得的结果，组织保护技术专家会商研讨，制订科学有效的档案抢救方案。在制订档案抢救方案的过程中，要查阅资料、走访专家，以获取技术支持，掌握档案抢救修复要领。同时，要及时向上、对外汇报情况、联系沟通，以得到各方面的大力支持，力求档案抢救经费、人员、技术等方面的快速落实，以保证档案抢救的科学性、及时性和有效性。

2. 受灾档案抢救与修复

第一步，受灾档案的现场挖掘。自然灾害尤其是地震灾害过后，档案部门应立即组织工作队对档案进行现场挖掘。在挖掘过程中，首先应先确定档案库房所处位置，以找准挖掘目标，争取尽快将被埋档案挖掘抢救出来。在档案柜中的档案尽量整体移出，减少对档案的损害和散失。现场对档案数量进行认真清点，做好记录。应组织技术指导小组到抢救挖掘现场进行技术指导，以避免被埋档案在抢救挖掘过程中的二次受损。

第二步，确定合适的档案转移存放场所，对档案进行装箱转运，以防止次生灾害再给档案造成损害并更好地对受灾档案实施修复工作。在装箱的过程中，要注意把受损程度不同的档案尽量予以分开，而把归属于同一全宗的档案装入同一运转箱。

第三步，组织专门力量，集中时间对受损档案进行数量清理和鉴别登记，并对受损档案进行分类。对受潮、发霉等损毁档案进行装袋冷冻处置，防止霉变和黏连，待条件具备后进行后续处理；对于被尘土污染的档案进行除尘去污处理，然后采用臭氧消毒等方法进行消毒，之后整理、清点，更换受损卷皮卷盒，登记造册，入库暂存。

第四步，对受损档案进行修复处理。利用各种档案修复设备和先进技术，对受损档案进行揭粘、去污、修裱、加固、字迹恢复、干燥，对部分档案进行数字化扫描。受损档案的修复处理工作要以最大限度地保持档案修复前的原貌为前提，力求所选择的修复材料、修复方法等均对档案本体的干预最小。对于遭受灾害的档案信息系统进行灾害恢复，以减少档案数据丢失量和系统中断服务时间，保证档案信息服务的连续性。

第五步，对档案进行重新整理、著录和装盒。对已修复好的受损档案进行区分全宗、分类、编目、开展数字化著录和补充完善档案资源信息库等工作，为社会各方面利用档案提供服务。

第六步，对修复整理好的档案进行保管和保护。对于修复整理好的档案，应重新移交其所属的档案馆室，如果其所属档案馆室因倒塌破损而无法继续保管档案，则相关部门应该设置专门库房对这些修复好的档案进行暂时保管，待原馆恢复重建之后再行移交。对于抢救修复好的珍贵档案的暂时保管，也应注意保管设施设备的配备，强化“八防”措施的落实，并注意保障其安全保密性。

3. 受灾档案抢救效果的评价与抢救经验的总结

受灾档案抢救修复工作结束之后，档案部门应通过对受灾档案的总数和抢救修复成功的档案数量进行统计，据此对受灾档案抢救的效果进行评价。同时，依据评价结果，对受灾档案抢救的经验教训进行总结。主要从灾害应急反应的时间与速度、抢救方案实施的效果、人力资源的配备与协调分工、抢救修复的技术设备使用等方面对受灾档案抢救进行经验教训的总结，综合分析档案部门在自然灾害应急指挥、应急保障、应急预案、基础设施设备等方面存在的不足之处，并全面、系统地进行修正和改进，以进一步加强档案灾害应急抢救体系建设。同时，通过经验总结，可以强化危机意识，借助自然灾害事件这一契机，加大对自然灾害预警与应急的宣传教育力度，把日常管理和灾害条件下的紧急应对进行有效的衔接。

4. 收集整理救灾过程中的纪实资料

救灾过程中所形成的文件、照片、声像等真实地记录了抗灾救灾的全过程，是宝贵的第一手资料，对于为相关部门各级领导应对灾害提供决策服务、为灾后重建提供有效服务、为有关部门预防灾害发生提供原始依据等意义重大，应及时完整地加以收集、整理、归档，并妥善保管。灾后档案资料收集的重点应包括：党政机关下发的指导救灾的文件；各部门抗灾救灾的照片、录像；优秀救灾人员典型事迹材料等。相关资料应做到应收尽收，及时归档，以备日后查考利用并为相关部门应对自然灾害提供参考和借鉴。1995 年 1 月日本发生阪神—淡路大地震后，10 月日本兵库项目协会开始收集有关阪神—淡路大地震的文件和材料。他们总共收集了包括文件、物品、照片、视听材料在内的 16 万件材料，其中：文件材料包括在紧急收容所写的日记；物品包括停在清晨 5 点 46 分（地震发生时间）的时钟；照片反映了地震所造成的毁坏；视听材料则包括了反映家庭受灾情况的录像带。这些材料中的大部分于 2002 年 4 月在神户市的减灾和人员恢复纪念馆中展出，该纪念馆的创办宗旨在于交流和传承阪神—淡路大地震的经验教训，为子孙后代保存一个真实的纪录。

在我国，历次灾害发生后，国家档案局都会及时发出通知，要求全国各级档案部门做好灾后档案的收集工作，如 2003 年 5 月 24 日下发了《关于做好防治非典型肺炎工作文件材料收集归档工作的通知》，2008 年 5 月 30 日下发了《关于做好抗震救灾工作文件材料收集归档工作的通知》等。汶川大地震后，档案部门收集到档案 4.2 万余件，图片 7 万余张，音像资料 400 多小时，其中包括温家宝总理给都江堰市中小学生的亲笔回信原件等，为后人积累了宝贵的档案文件资源。

（三）掌握受灾档案抢救方法

在地震、洪水、台风、泥石流、雷电、沙尘暴等自然灾害中，对档案造成的损害主要表现为对档案实体的水浸、火烧、污染、破损以及对档案信息系统的破坏，其抢救工作涉及除尘去污、消毒灭菌、祛湿干燥、修裱加固、字迹恢复、系统恢复等内容，因此，对受灾档案抢救方法的研究主要围绕着以上工作内容进行。

1. 受灾档案的除尘去污

（1）受灾档案的除尘

在地震灾害中，档案馆建筑库的受损倒塌会产生大量的灰尘；在沙尘暴灾害中，狂风携裹大量沙尘污染档案。为防止沙尘对档案造成进一步的损坏和虫霉现象的发生，必须尽快进行除尘工作。

档案自动清扫机（见图 7—1）是一种用于档案表面灰尘清扫的专用设备。可用于日常的档案管理工作中，也可用于重大灾难中受损档案的抢救。档案自动清扫机的工作流程由自动感应的振动除尘区、密闭负压的清扫工作室、无级变速的清扫轮和定向高压气流组成，被清扫下来的灰尘被负压气流带入集尘袋中，可定期进行清理，成功地解决了传统打扫卫生时“灰尘大搬家”的现象。[①] 档案自动清扫机可连续工作，速度可视档案被污染程度由操作人员选择。

（2）受灾档案的去污

受灾档案由于经过污水浸泡，会产生水渍、霉斑、泥斑、锈斑等污物（见图 7—2），如果不及时去污，即使阴干了也会永远留下污斑，严重的还会遮掩字迹，影响阅读。去污前，首先应鉴别字迹的耐水性，然后根据情

① 孙洪鲁：《科技创新：重大灾难受损档案抢救的技术支撑》，《2011 年海峡两岸档案暨缩微学术交流会论文集》2011 年版，第 63—64 页。

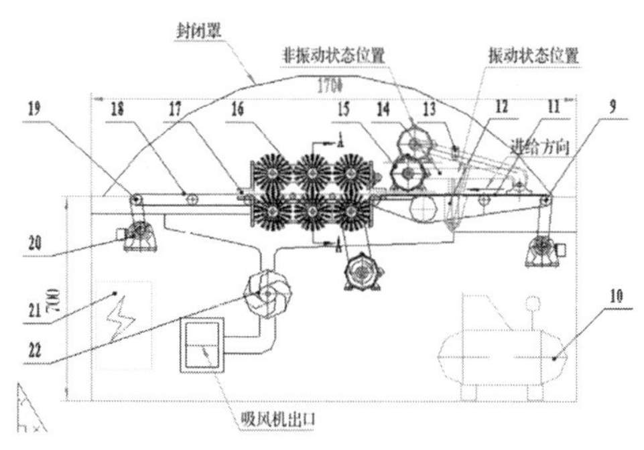

图 7—1　档案自动清扫机

图片来源：山东省档案局

图 7—2　汶川地震中被污染的档案

图片来源：四川省档案局

况，分别加以处理。

对于不耐水字迹的档案，可用聚酯胶片将档案纸张上的污泥轻轻刮除，然后把档案纸张一页一页地分开，平铺在阴凉干燥处。当档案纸张全部晾干后，用小刀或其他合适的工具轻轻刮去纸张上的污泥，要注意刮涂时用力适中，以免划破纸张，最后再用排笔沿着同一个方向轻轻刷去浮土①。

对于耐水字迹的档案，可将档案固定在有机玻璃板上，放到档案洗涤槽中。为减缓水流的冲击力，可以在洗涤槽的出水口接上长度合适的塑料导管。脏污处可提高水位来增加水流压力进行淋洗。用于冲洗档案的水除使用干净水外，还可以使用浓度为 1%—2%、温度为 50℃左右的纯碱（$NaZCO_3$）水或明矾水。

对于被海水浸泡的档案，由于档案上残留有氯化钠、氯化镁、氯化钙等化合物，时间一久，档案会反潮变黑。其去污处理方法如下：第一步，将档案有字面朝下平放在玻璃上，再将玻璃连同档案斜放在清水盘内，反复用清水冲洗档案直到档案纸张无咸味为止，达到氯化钠（$NaCl$）完全溶于水的目的；第二步，将水洗后的档案放入碳酸钠（Na_2CO_3）溶液中浸泡 1—2 分钟，即可取出，使氯化镁和氯化钙分别同碳酸钠发生化学

① 郭莉珠：《灾后档案的抢救》，《档案学通讯》2000 年第 1 期，第 49 页。

反应，生成碳酸镁和碳酸钙沉淀，被清水冲走。由于氯化钠溶于水，从而可以水洗除去。处理后的档案晾干压平即可。经过这种办法处理的档案不再会反潮变黑。化学反应式如下：$MgCl_2+Na_2CO_3=MgCO_3\downarrow+2NaCl$；$CaCl_2+Na_2CO_3=CaCO_3\downarrow+2NaCl$。①

对于照片档案、电影胶片等特殊载体档案的去污：用棉花球蘸酒精轻擦。要注意不能用干棉花球进行擦拭，以免沾上的尘土颗粒划伤胶片上的乳剂膜。再用流动的清水将胶片冲洗干净后再晾干。由于胶片上的乳剂层的主要成分为明胶，明胶的含水量大，温湿度高时，易生霉溶化。如果胶片上霉斑较少，则可用脱脂棉球蘸取除霉液轻轻擦拭，如果霉斑较严重，则可在冲洗机中使用药液进行冲洗②。

2. 受灾档案的消毒灭菌：以北川受损档案为例

地震、泥石流、洪水等自然灾害中，档案由于被掩埋、水浸，容易滋生霉菌和害虫，有些甚至由于受到遇难者腐尸污染，还可能沾染了一些致病细菌或病毒，因此，必须高度重视受灾档案的消毒灭菌工作。

（1）现场采样

首先，选择有霉菌生长的部位采样；其次，选用无菌纸袋及无菌纱布纸条作为采样工具。将医用脱脂纱布贴在不干胶纸上，裁成 30mm × 20mm 大小的纱布纸条，置于底片袋中，每 10 枚配有纱布纸条的底片袋为一组，放入 20cm × 10cm 大小的牛皮纸信封中，高压灭菌后备用；再次，采样时，开启信封，用消毒镊子取出一枚底片袋，然后用消毒镊子将纱布纸条取出，纱布面朝下，在所抽取的霉变档案、资料的霉斑上轻轻擦拭后，迅速插入原底片袋中。采样时，严防纱布与手或其它物品接触。同时，对采得的菌样进行编号，并记录其颜色和霉变程度等。

---

① 朱家增：《谈谈被台风损坏档案的保护》，《浙江档案》1994 年第 11 期，第 35 页。

② 毛惠芳：《预警应急抢救——档案灾害管理体系的构建》，硕士学位论文安徽大学，2010 年，第 30 页。

（2）实验室内分离与纯化

以无菌操作将采样的纱布纸条接种于培养基平板上，恒温（28℃）培养，3—5 天后观察菌落生长情况，然后划线分离，直至得到纯种。

（3）鉴定结果与分析

经分离与鉴定，发现受损档案中有黄曲霉、黑曲霉、杂色霉等 8 属 10 种霉菌；档案害虫有毛衣鱼、书虱等，还发现有寄生虫。这些菌种中，有的能分泌色素，污染档案载体；有的能引起纸张等材料严重生霉变质；有的能分解纸张中的纤维素；有的能产生多种有机酸，引起材料酸性增加，加速其老化；还有的为重要的真菌致敏原，可引起人体过敏性肺炎、皮肤过敏等疾病[①]。（见图 7—3 至图 7—9）

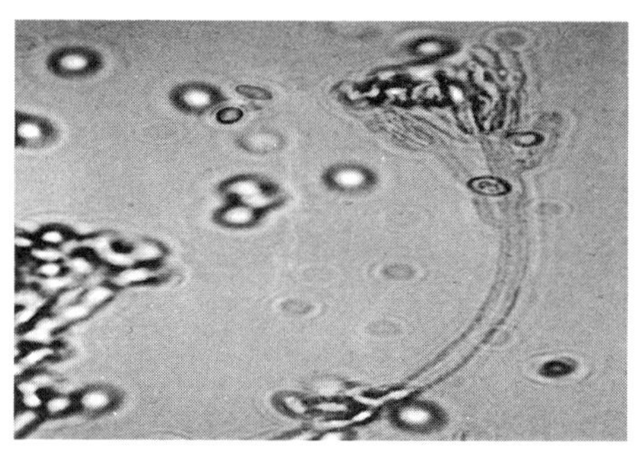

图 7—3　青霉

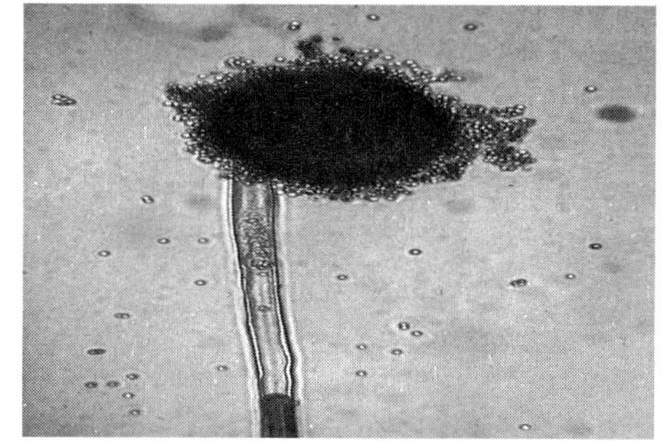

图 7—4　曲霉

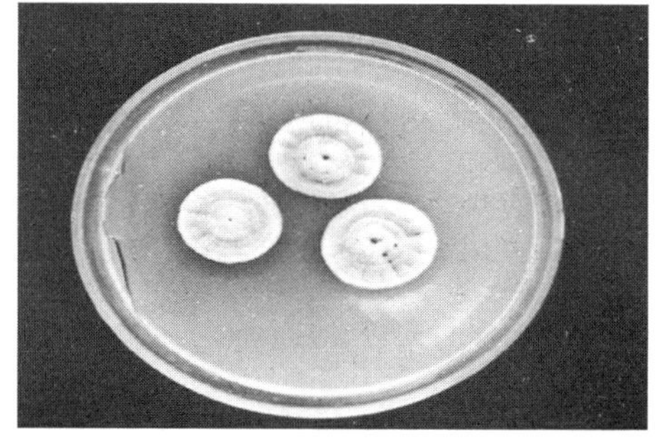

图 7—5　杂色曲霉（菌落）

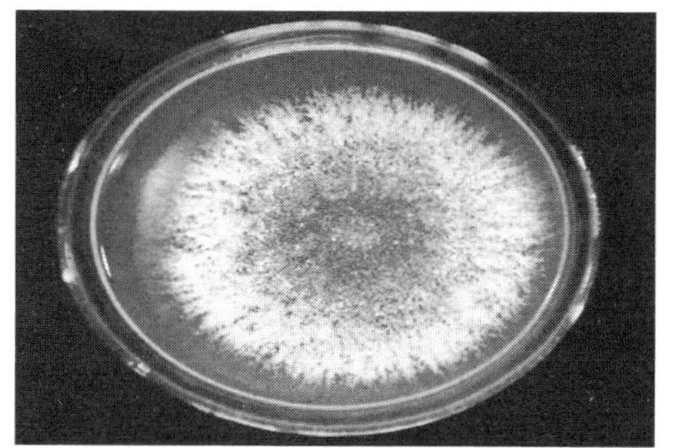

图 7—6　木莓（菌落）

① 孙洪鲁：《科技创新：重大灾难受损档案抢救的技术支撑》，《2011 年海峡两岸档案暨缩微学术交流会论文集》2011 年版，第 61 页。

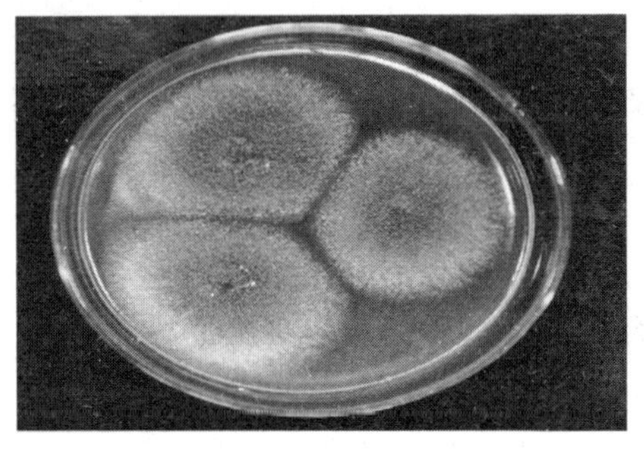

图 7—7　黄曲霉（菌落）

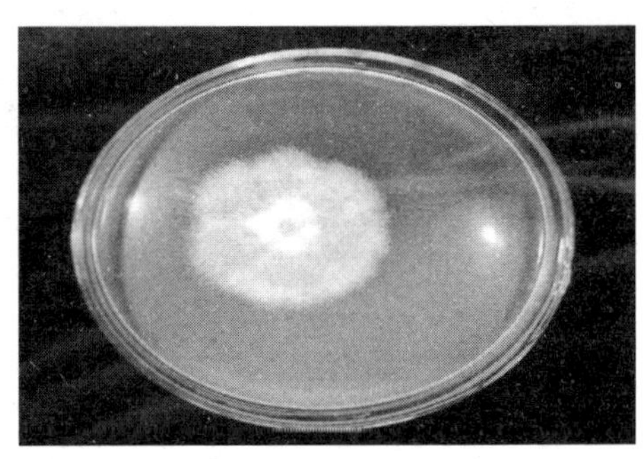

图 7—8　球毛壳霉（菌落）

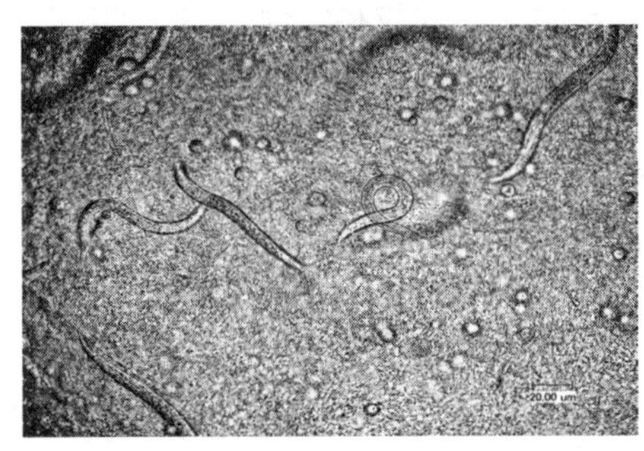

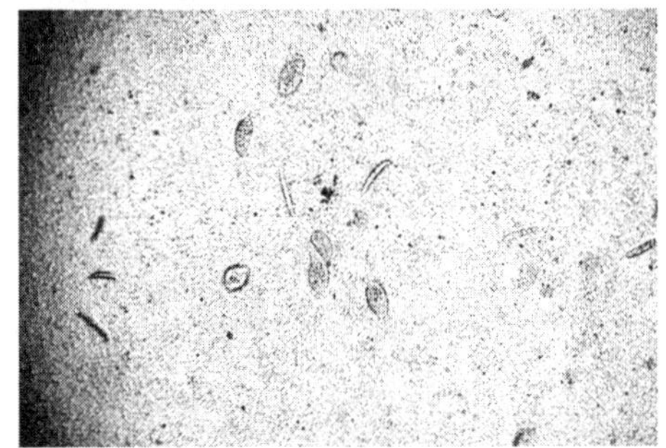

图 7—9　用三维数码显微镜拍摄的寄生虫

图片来源：四川省档案局。

（4）对霉变档案的消毒处理

第一，可采用低温冷冻技术控制档案继续霉变水解（见图 7—10：冷冻在雅安冻库中的北川档案），然后在有条件时分批消毒除霉处理。

第二，对局部生霉或轻度霉变现象，用医用脱脂棉球蘸取 75% 的酒精轻轻擦除霉斑上的菌丝体，要注意将酒精棉球适当拧干，使用过的酒精棉球要妥善处理。

第三，如霉变较严重，可采用甲醛熏蒸杀菌、再除霉的程序。操作方法：把待杀菌档案放入消毒箱内，按常规方法、常规剂量将甲醛倒入容器里，密闭熏蒸。该方法适用于灾后受损档案的杀菌处理，可避免档案带菌入库，避免霉腐微生物等污染空气，有利于受损档案的后期整理工作。

第四，如有条件，可采用真空熏蒸杀菌设备。真空熏蒸可加速汽化、挥发扩散和渗透，从而提高杀菌效果，但由于设备要求高，操作人员须参加业务培训。

在北川受损档案抢救修复中，专家使用环氧乙烷混合气体对极度污染档案进行彻底消毒灭菌，在坚持第一要安全、第二要有效的原则基础上，经过多次分析和试验，专家将环氧乙烷和二氧化碳按八比二的比例进行混合，然后采用这种混合气体对所有的受灾档案进行消毒灭菌，经检测，灭菌率高达97%[①]。（见图 7—11）

图 7—10　冷冻在雅安冻库中的北川档案档

图 7—11　案送进环氧乙烷灭菌柜内消毒

图片来源：四川省档案局。

（5）受损档案抢救整理过程中的霉菌预防

第一，可在档案处理场所周围喷洒新洁而灭，浓度为 2%—5%，以喷雾方法用于档案库房及装具的消毒灭菌处理，并严格按照使用说明书操作。此外，还包括抢救整理间的空气消毒及修裱用具的消毒等。

第二，环境温湿度控制。如使用临时库房，应尽量将温度控制在 24℃、相对湿度控制在 60%以下，可有效防止多数霉菌生长。此外，控制抢救整

---

① 胡金玉：《汶川地震中受灾档案的保护与抢救及其启示》，《2011 年海峡两岸档案暨缩微学术交流会论文集》2011 年版，第 37 页。

理间和修复室的环境温湿度，也可施放档案专用防霉药剂或局部放置硅胶等干燥剂。

第三，定期进行霉菌的监测。包括室内空气中霉菌污染程度监测及档案载体材料霉变现象监测，以及时发现霉变现象，把霉菌消灭在萌芽状态。

第四，加强卫生防护。由于地震导致档案被掩埋、受雨淋等，应做好受损档案的去污、消毒工作，防止土壤中的有害生物传入库房。同时，加强个人卫生防护，整理受损档案时要戴口罩、手套，穿工作服，并定时清洗更换。

3. 受灾档案的祛湿干燥

受灾档案的祛湿干燥是对自然灾害中受潮、水浸档案进行抢救修复的一个重要环节，其目的在于去除档案中的多余水分，以防止档案纸张霉烂、生虫或分解。档案受湿切勿放在太阳下曝晒，也不能用炉火来烤。因为在正常条件下，空气中的氧或氧化物对纸张纤维素的氧化很缓慢，但如果在光的照射下，纤维素与氧的反应速度大大加快（光氧化反应），这是由于光本身具有一定的能量，纤维素吸收一定量的光能，可以加快氧化速度。尤其当氧、光、潮湿三个因素同时作用于纤维时，在高温下，纤维素氧化速度更快。当形成氧化纤维时，纤维素直链分子断裂，聚合度下降，致使档案纸张发黄变脆，机械强度降低，档案寿命大大缩短①。

目前，对受灾档案进行祛湿干燥的方法多种多样，主要有自然祛湿干燥法、人工祛湿干燥法、机械祛湿干燥法、远红外干燥法、真空冷冻干燥法等。

（1）自然祛湿干燥

自然祛湿干燥法比较简单，它不需要仪器设备，而以自然晾干为主，因而适用于气候相对比较干燥的地区。晾前必须沥去档案里的明水，再将其放

① 朱家增：《谈谈被台风损坏档案的保护》，《浙江档案》1994年第11期，第35页。

在通风条件好、面积较大的房间摊开，案卷先平放，待晾干到一定程度再竖放。案卷太厚，应考虑拆卷。晾干过程中，应每天坚持翻动两次以上。如有电扇，应开动电扇，增强通风祛湿效果。① 由于这种方法干燥时间较长，纸张容易起皱和发生霉变，不耐久字迹容易褪色，因此，一般来说，不宜采用。

（2）人工祛湿干燥

人工祛湿干燥是指使用氯化钙、硅胶、生石灰、木炭等祛湿材料对受灾档案进行祛湿干燥。尤其在基层地区的立档单位，几乎很少配备祛湿机等专用设备，就可以考虑进行人工祛湿。而在乡村地区，连氯化钙、硅胶等都较为少见，生石灰、木炭甚至草木灰、稻草灰则是使用最多的干燥剂。对受灾档案进行人工祛湿干燥的步骤如下：首先，在一个干净的房间地面上铺一层木炭或生石灰（厚度越大越好），再在木炭或生石灰上面铺多层吸水纸或旧报纸，然后把受湿的档案置放于上面吸潮，待干后用重物压平即可。档案阴干之前，切勿急于揭页，以免损伤纸张。揭页的最佳时间是纸张处于半干半潮状态，揭页后，纸页同纸页之间可用吸水纸吸水压干，没有吸水纸，用旧报纸也可以，但切勿用新报纸，以免油墨污染档案。为了加速干燥和避免档案长霉，要每天翻动一两次，以利透风散湿，一般2—3天即可干燥。② 因上面压有重物，压干后的档案很平整。

（3）机械祛湿干燥

机械祛湿干燥法所采用的设备主要为祛湿机。将沥干明水的档案放置在密封较好、配备有祛湿机的房间内，开启祛湿机，同时可采取升温措施，但室内温度不宜超过40℃，当档案纸张的含水量达到6%—8%或手摸无潮湿感时，停止祛湿。③

① 蔡学美：《档案馆灾害防治研究》，《中国档案》2000年第11期，第43页。

② 同上。

③ 朱家增：《谈谈被台风损坏档案的保护》，《浙江档案》1994年第11期，第35页。

（4）远红外干燥

将档案分格放入远红外干燥箱中，摆放不宜过密，以利于水分蒸发，档案应和红外发生器保持一定距离。打开干燥箱开关，缓慢升温（半小时升温 10℃）至 50℃—70℃左右恒温，1 小时后再缓慢降温至 40℃左右恒温，直至干燥为止。注意箱内温度不能超过 70℃，在升温或降温时应缓慢进行，否则会对档案纸张字迹产生不良影响[①]。

（5）真空冷冻干燥

真空冷冻干燥是指将已冻结成“冰块”的档案放入真空容器，在 0 ℃温度条件下抽真空，把真空容器内压力控制在 610pa 左右，这样被冻结成“冰块”的档案中的水分便会从固态冰直接升华为气态，最后被真空泵排出而达到干燥目的[②]。

真空冷冻干燥需要使用真空冷冻干燥设备。QY—40 档案真空干燥柜（见图 7—12）是一种用于抢救水泡档案和修复“档案砖”的专用设备。该设备根据真空干燥档案的实际需要，设计了能在-20℃的低温条件下供应升华所需要的能量，保证了被冷冻档案不化冻，不因干燥时的升温而缩小，有效防止了“档案砖”的形成。干燥温度处于-20—60℃之间，温度根据被干燥对象需要可任意设置，设备容量也可根据用户需要定制。该设备由计算机自动控制，操作简便。[③] 真空干燥箱外形为卧式，工作室材料采用不锈钢板，形状为圆柱形。箱体采用不锈钢板制成，采用超细玻璃棉充填中间隔热层。工作室与外门之间装有模压成型的耐热硅橡胶密封圈，以保证箱门与工作室的密封，大幅度提高箱体的真空度。搁板采用具有较好导热性的铝合金板和镀锌板。真空干燥箱采用板式蒸发器，所有的控制操作件、仪表、阀门、手柄都安装在箱体左侧面板上，使用方便。控温仪设定温度和显示温度均为数字

① 蔡学美：《档案馆灾害防治研究》，《中国档案》2000 年第 11 期，第 43 页。

② 孙洪鲁：《科技创新：重大灾难受损档案抢救的技术支撑》，《2011 年海峡两岸档案暨缩微学术交流会论文集》2011 年版，第 60 页。

③ 同上。

显示，带有跟踪报警功能，具有控温准确、精度高等优点。

档案真空冷冻干燥的优点：①可以实现水浸档案纸张在低温下的干燥，使档案的字迹不会渗化、不会扩散、不会走油；②可以防止水浸档案黏连，还有助于已黏连水浸档案的揭开。对受潮、受水浸档案进行冷冻真空干燥，可以保持其形态基本不变，能有效防止档案纸张的黏连。被水浸泡的档案吸附了大量的水分，在放入冷库中冷冻储藏时，档案中的水已由液态变为固态。档案纸张中水分的体积膨胀，档案纸张间距扩大，档案纸张形状被冻结固定，这也为下一步揭开这些已黏连的受损档案，提供了良好的基础条件；③对受损档案有一定消毒灭菌作用。在真空干燥过程中，干燥室的压力始终低于大气压力，气体分子数少，密度低，含氧量低，对食品和生物制品具有一定的消毒灭菌作用。利用真空干燥的这一作用，在对水浸档案纸张进行干燥的同时，还对其进行了初步的消毒灭菌；④可以消除常压下干燥容易产生的表面硬化现象。常压下晒干、热风干燥、红外干燥时，在被干燥物料表面形成流体边界层，受热气化的水蒸气通过流体边界层向空气中扩散，干燥物内部水分要向表面移动。如果移动速度赶不上边界层表面蒸发的速度，边界层水膜就会破裂，被干燥物表面就会出现局部干裂现象，然后扩大到整个表面，形成表面硬化。真空干燥的物料内部和表面之间的压力差较大，在压力梯度作用下，水分很快移向表面，不会出现表面硬化，同时能提高干燥速率，缩短干燥时间，降低干燥设备运转费用[①]。

4. 受灾档案的修裱加固

受灾档案由于发生霉变、水解，强度下降，因而导致部分残缺等现象（见图7—13），需要进行局部修补并在档案背面加托新纸以对档案原纸实施加固。

---

①　孙洪鲁：《科技创新：重大灾难受损档案抢救的技术支撑》，《2011年海峡两岸档案暨缩微学术交流会论文集》2011年版，第59—60页。

图 7—12　QY—40 档案真空干燥柜

图片来源：山东省档案局。

图 7—13　残缺破损档案

图片来源：百度图片。

（1）破损档案的修补方法

U 形修补法：根据档案破损的形状，制作 U 形补纸。与传统修补比较，U 形修补法具有使修补后的档案页角完整、页面整齐美观、镶缝不易磨损的优点。

O 形修补法：根据档案破损的形状，制作 O 形补纸。与传统修补比较，O 形修补法具有使档案纸张的页角和边条不露镶缝且修补后的档案平整美观的优点。

QYZ 系列纸浆修补机[①]（见图 7—14）：这是一套用纸浆修补破损档案的专业设备。适用于 4K 以下幅面破损纸质档案的修补，特别是双面有字的破损纸质文件的修复。QYZ 纸质档案纸浆修补系统由计算机测定分析部分、纸浆修补设备、去酸液体制备设备、废水回收净化复用系统四部分组成，填补了用传统修补、裱糊的修复技术难以满足对破损情况复杂档案的修复特殊需要，修补效果更好。

破损档案用纸浆修补机修补好后，需要用压平干燥机对修补上的“补

① 孙洪鲁：《科技创新：重大灾难受损档案抢救的技术支撑》，《2011 年海峡两岸档案暨缩微学术交流会论文集》2011 年版，第 59—60 页。

丁”进行压实、烘干，以保证补丁与原件的牢固连接。QY-A2档案压平干燥机（见图7—15）在北川档案抢救修复中得到了广泛应用，它可以提供600×800幅面、800kg的压力、室温至120℃连续可调的干燥温度，克服了传统的方法存在效率低、周期长等缺陷，大大提高了操作的速率和质量。[①]QY-A2档案压平干燥机还可以用于变形纸质档案的整平，恢复这些扭曲、变形档案文件纸张的平整。

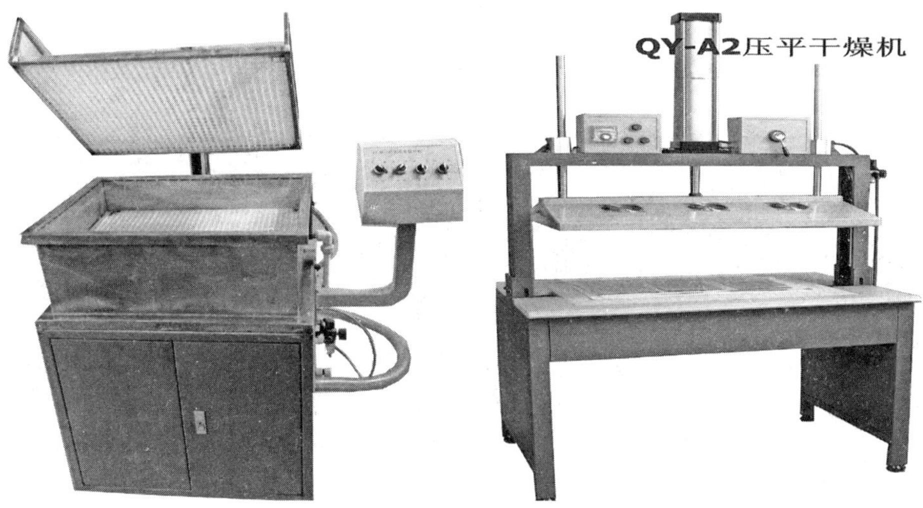

图7—14　QYZ—4K 纸质档案纸浆修补机　　图7—15　QY—A2档案压平干燥机

图片来源：山东省档案局。

为了能够对受损档案抢救修复工作提供良好的操作平台，档案保护技术专家们发明了透射式档案修复装置（见图7—16）。利用这个装置，可以不用拆开案卷，用其做支撑，对卷内档案文件进行修补。支撑档案文件的发光工作面是钢化玻璃制作的，其内部装有LED光源灯照明，可提供白色透射式光源。在上面修复档案文件时，给工作人员提供了良好的视觉条件，档案

① 孙洪鲁：《科技创新：重大灾难受损档案抢救的技术支撑》，《2011年海峡两岸档案暨缩微学术交流会论文集》2011年版，第59—60页。

修复人员可对被整理纸质文件进行俯视和透视，更全面、清晰地观察了解文件的破损情况，方便对破碎档案进行细致修补。此外，吸附式档案修复装置（见图 7—17）也被发明并得到广泛应用。这种装置设有为不拆卷修复档案、书籍而设计的负压抽气式工作台。将档案、书籍倾斜插入楔型台下，可保持被修档案纸页呈水平状态，便于修复作业。支撑档案文件的不锈钢板网工作面是空心的，其腹腔与吸尘器连接，可提供连续可调的负压。在上面修复档案文件时，档案文件纸张会紧贴在台面上，所使用的化学试剂也会从纸的背面被吸除。

图 7—16　透射式档案修复装置

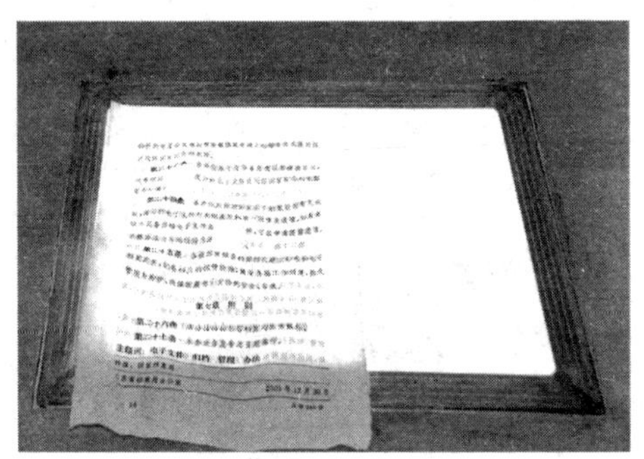

图 7—17　吸附式档案修复装置

图片来源：山东省档案局。

（2）火烧碳化档案的加固

档案载体对火具有高度敏感性，档案经火灾以后一般很难幸存。即使大火被及时扑灭，档案载体经过高温和火焚，纸张容易炭化、酥脆，而磁带、胶片档案则易熔化或烟尘污染表面。因此，火灾被认为是“对档案破坏最为严重的灾害”。炭化后的纸质档案几乎完全丧失了机械强度，如果得不到及时加固，则很快就会化成碎片。可以使用塑料薄膜对火烧炭化档案进行加固，以提高纸张的强度，使其便于存放管理。其加固方法是：把塑料薄膜平放在桌面上，然后在塑料薄膜上平铺一张大小合适的宣纸，在宣纸上喷洒适量的水使之湿润平展，之后在宣纸上刷上一层薄薄的糨糊，再将火烧炭化档案背面向下平铺在宣纸上，并用排笔轻轻将炭化档案刷平，最后将其正面朝外上墙。①

5. 受灾档案的字迹恢复

（1）火烧炭化档案字迹翻拍显示

由于档案纸张炭化之后，其字迹难以辨认，可采用可见光摄影、紫外光摄影或红外光摄影等方法，利用字迹、纸张及污斑对不同波长的光产生不同程度的吸收、反射的原理，加大字迹与纸张在胶片上的反差，从而使字迹显现。

可见光摄影法：用摄影法显示褪色字迹时，就是使字迹部分在胶片上不感光，白纸（无字）部分在胶片上感光，加大反差，字迹才能显示出来。选择褪色字迹颜色的补色滤色镜。根据滤色镜颜色的深浅，适当增加曝光时间。根据滤色镜种类选择相应的感光胶片。

紫外光摄影法：紫外光具有波长短、能量高的特点。很多物质对于紫外光的吸收、反射同可见光有明显差异，所以可以利用紫外光获得在可见光下难以恢复的字迹。首先要正确选择光源和相机的镜头。根据纸张、字迹等材料对紫外光的吸收、反射情况选择不同波长的紫外光源。相机镜头最好采用特制的石英玻璃镜头。

红外摄影法：红外光具有波长长、折射率小、透过率高等特点。许多物质对红外光的吸收、反射与可见光完全不同。利用红外光摄影，可以得到利用可见光摄影难以获得的影像。在进行红外光摄影显示字迹时一定要用红外胶片，因为普通胶片不能感受红外光。由于红外光的折射率小于可见光的折射率，所以红外光焦点与可见光焦点有一定的差距②。

（2）水浸档案字迹显示

手写受损档案文件中的蓝黑墨水字迹、纯蓝墨水字迹、红墨水字迹、圆

---

①　毛惠芳：《预警应急抢救——档案灾害管理体系的构建》，硕士学位论文安徽大学，2010 年，第 31 页。

②　同上。

珠笔字迹、复写纸字迹、印油字迹、针式打印机字迹的主要色素成分为有机染料或油溶性染料，与纸张结合的方式为附着在纸张的表面，因而是属于不耐久的字迹材料，在被水湿或浸泡后，都会出现褪色现象（见图 7—18）。特别是被水浸泡后的档案，其字迹材料中的色素成分被水漂走了一大部分，采用化学方法恢复字迹效果已经不明显了。这样的情况在北川受损档案被抽样调查的 12132 卷样本总体中，字迹消失出现频数（页次）1342 页次，出现频率 1.40%，频数与样本量的关系为 3.99%。以此推算有近 500 卷的档案字迹消失。① 针对这一情况，专家组研究设计出一套用于漂走字迹材料褪色档案字迹显现的技术、设备（见图 7—19）。这种技术设备利用红外光光谱分析测定物质化学成分的原理，利用褪色档案文件上字迹部分与纸张的成分上的差异，捕获其在特定频率红外光下反射的差异图像，拉大字迹与纸张的显色差，再用计算机图像处理软件加大档案文件字迹影像对比度，来达到回复褪色档案字迹的目的。

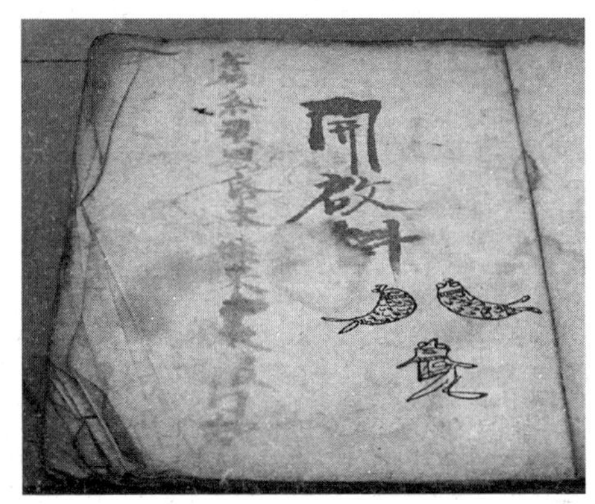

图 7—18　瑶文经籍字迹洇化

图片来源：百度图片。

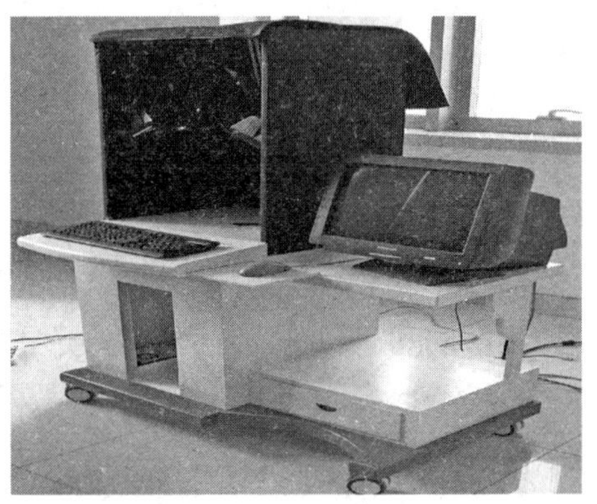

图 7—19　档案褪色字迹物理方式恢复设备

图片来源：山东省档案局。

---

①　孙洪鲁：《科技创新：重大灾难受损档案抢救的技术支撑》，《2011 年海峡两岸档案暨缩微学术交流会论文集》2011 年版，第 65 页。

6. 档案信息系统的灾难恢复

国家标准《信息系统灾难恢复规范》（GB/T20988—2007）中对灾难恢复的定义为：为了将信息系统从灾难造成的故障或瘫痪状态恢复到可正常运行状态、并将其支持的业务功能从灾难造成的不正常状态恢复到可接收的状态而设计的活动和流程。[①] 地震、洪水、火灾、建筑物坍塌以及雷电等自然灾害都可能给档案信息系统带来灭顶之灾。灾难恢复的目标是在灾难发生后减少档案数据丢失量和系统中断服务时间，保证档案信息服务的连续性。

（1）档案信息系统灾难恢复范围

信息系统灾难恢复可分为数据级灾难恢复、系统级灾难恢复和应用级灾难恢复三种类型。其中，数据级灾难恢复是指对已经备份的业务数据进行恢复。数据级灾难恢复在开始恢复之前，必须耗费几天或更长的时间重新搭建与主中心相一致的软硬件运行环境，其恢复时间比较长；系统级灾难恢复是指在恢复业务数据之外，还要对应用程序、系统运行数据、程序设置、数据库系统、中间件和通信网络等运行环境进行恢复。在主中心发生灾难时，系统级灾难恢复措施能使信息系统快速恢复运行，即中断服务时间较短；应用级灾难恢复是指在前两个级别的基础上增加对整个应用的恢复，并提供业务连续性的应用平台（主机、存储和网络）以及相关基础设施、技术支持能力的恢复。应用级灾难恢复系统的目标在于提供不间断的应用服务，在灾难发生后，用户的服务请求不会中断或中断时间非常短，保证了信息系统所支持业务的完整、可靠和安全[②]。

档案信息系统灾难恢复范围一般应包括全部类型，这样才能保证灾难后系统运行的完整性。如果档案馆受限于现实条件的制约，没有能力同时实现

---

① 国家质量监督检验检疫总局、国家标准化管理委员会：《信息系统灾害恢复规范》，2013 年。

② 张永生：《档案信息系统灾难恢复研究》，硕士学位论文苏州大学，2009 年，第 11—34 页。

全部类型的恢复，那么应该先对档案业务数据及其运行系统进行恢复，以保证灾难后档案信息不丢失。在条件具备时，再实现应用级灾难恢复，以实现为广大用户提供档案信息服务的目的。

（2）档案信息系统灾难恢复顺序

档案信息系统由若干个业务系统的组成，其功能包括了档案信息接收(或档案信息采集)、档案信息存储、档案信息管理以及档案信息检索、发布和利用等。在这些功能中，我们通常把档案信息的存储功能归属为关键功能，而把档案信息的检索、发布和利用视为次关键功能。因为存储系统解决的是数字档案信息的永久保存问题，同时它又是其余三个功能的支撑功能，其余三个功能都依赖存储功能来运行。如果档案信息存储功能发生中断或失效，就会彻底危及档案保管机构的业务运作并造成严重损失。而检索、发布和利用系统解决的是为用户提供利用服务的问题，档案收集与保管的根本目的就在满足广大用户对档案信息资源的利用需求，因而档案信息的检索、发布和利用功能成为次关键功能。确定档案信息系统灾难恢复顺序时，应根据各功能的重要程度和相互间的资源依赖关系，制订信息系统的优先级关系，确定系统灾害恢复顺序。一般来说，应该优先考虑关键功能的恢复，然后是恢复次关键功能。因此，档案信息系统灾难恢复时应首先考虑对档案信息存储功能进行恢复，然后依据需要和现实条件对其余三个功能进行恢复。

（3）档案信息系统灾难恢复流程

在确定了灾难恢复的范围和优先顺序之后，接下来应该按照事先制订的标准操作流程，分步骤进行档案信息系统的灾难恢复。系统恢复完成后，应先由技术人员和业务人员对数据及系统的可用性、完整性和功能正确性进行测试，然后再由指挥领导小组根据测试的结果和现场的具体情况对外宣告档案信息服务的正式恢复①。(见图 7—20)

---

① 张永生:《档案信息系统灾难恢复研究》，硕士学位论文苏州大学，2009 年，第 32 页。

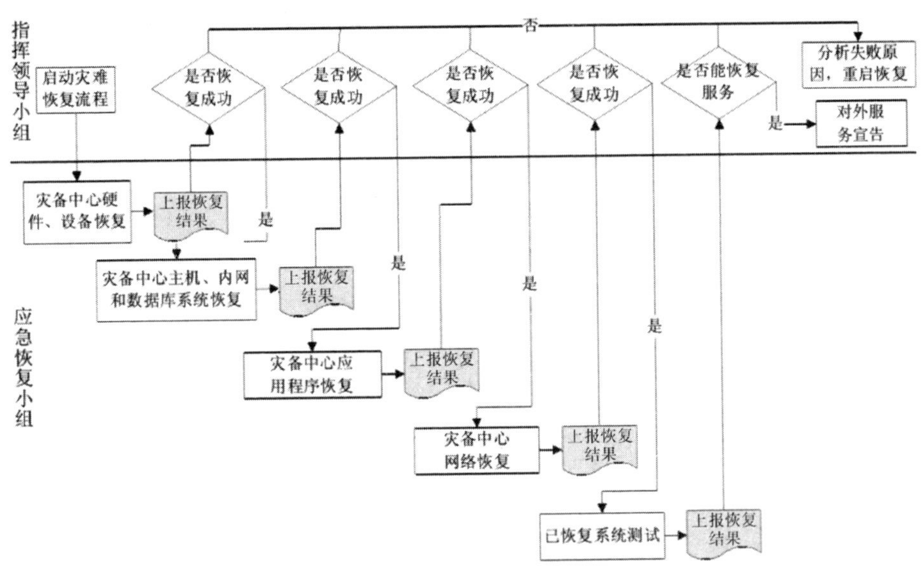

图 7—20　灾备中心系统恢复流程

资料来源：张永生：《档案信息系统灾难恢复研究》，苏州大学，2009 年。

（4）档案信息系统重建及回切

当灾难的破坏过程结束，局势稳定下来之后，就要开始考虑主中心的重建及系统回切工作。

主系统的重建有两种选择，重新部署或原址重建。如果原来的设施设备还能继续使用，一旦清除和整修工作完成，就要准备执行原址重建行动。如果原来的设施设备已经不适合使用或重建的费用高于重新部署的费用，那么档案馆就要考虑建立新的主中心。这一阶段工作的基础是对灾难造成的损失进行一个完整的评估，根据评估结果进行系统重建方案的选择①。

回切工作是指将灾难备份系统的功能切换到新建的或已经重建的主系统，各种服务回到灾难前正常运行状态的过程。具体包括各种设备的购置、系统的搭建及测试、系统的切换、数据回填、检查数据完整性和一致性、网

① 张永生：《档案信息系统灾难恢复研究》，硕士学位论文苏州大学，2009 年，第 32 页。

络的切换、服务的切换、灾备系统恢复备用状态。重建及回切涉及具体的灾难类型和灾难的影响范围，很难预先设定，一般只给出重建及回切的目标、组织方式、工作流程和相关技术方案，对具体的重建方式、地点、范围等不做详细要求①。

（四）加强档案保护技术人才的教育和培训

受灾档案抢救修复工作离不开档案文献保护专家的支持和贡献。实践证明，档案专家在灾害应急和档案抢救中起关键性作用。在汶川地震受灾档案抢救中，国家档案局抽派全国档案系统的知名专家，组成以王良城主任为组长的北川档案抢救工作专家组，为抢救工作提供了全国一流的智力保障。②无论是地震灾害现场的抢救工作还是灾害过后受损档案的修复工作，档案保护专家无不全力参与，及时决策，为抢救保护档案作出了重要贡献。在灾害现场，档案保护专家在指挥掩埋档案的挖掘工作的同时，还要指导人员选用合适的工具转移所有档案；在修复受损档案时，档案专家要研究制订最为科学有效的方案，对破损程度不同的档案进行分类处置，对受损档案采取去污、消毒、冷冻、修裱、加固、字迹恢复、干燥等措施进行修复。在北川档案抢救取得阶段性成果后，国家档案局组织全国的档案保护专家召开研讨会，共商北川档案抢救大计，制订了科学有效的抢救方法和措施。因此，各级档案部门应加强自然灾害防治专门人才的专业教育和在职培训，为自然灾害中档案的抢救修复提供技术咨询和智力支持，保证档案抢救修复的科学性和成功率。

---

① 张永生：《档案信息系统灾难恢复研究》，硕士学位论文苏州大学，2009 年，第 32 页。

② 张新：《灾害后的行动与反思——从北川档案抢救看档案防灾减灾体系建设》，《四川档案》2010 年第 3 期，第 21 页。

1. 加强档案保护技术人才的专业教育

相对于档案学其他专业而言，目前我国档案保护技术专业的招生规模要小得多，而且，从目前保护技术人才利用情况看，高等院校培养出来的人才多数在毕业时改行，有部分在工作后改行。[①] 由此导致的现实是国家日益增长的档案安全保护需求与档案保护技术专家相对缺乏之间的矛盾逐渐凸显。档案保护技术人员匮乏的现实加上自然灾害频发、破坏力逐年加大的趋势和国家档案安全体系建设的需求，必须引起档案行政主管部门和档案学专业教育机构的高度重视，重新审视档案保护技术专业教育的全面性和实用性，加强专业教育，构建档案保护技术人才培养的长效机制，为档案自然灾害防治工作培养更多的专门人才。档案保护技术专业课程教学改革主要围绕着两方面进行：一是教学内容注重全面性。增设档案自然灾害防治相关知识内容的章节或课程进行专门教授，除了系统讲授馆藏保护知识外，还要系统讲授灾害学、气象学、地质学、建筑学等自然科学方面的知识；同时，档案保护技术专业课程教学应跳出传统的"技术"性导向，增加宏观管理类的内容，如档案保护的社会环境、档案工作的管理体制和组织体系、档案保护的政策法规、档案保护工作事业化与产业化协调发展、档案保护技术的评价、档案保护技术方案制订、组织、实施等；此外，可以联合各相关学科专业力量，打造多学科专业教学平台。鉴于图书、档案、文物、博物等专业在保护领域具有研究方法的相似性、学科理论的融合性和交叉性、技术实践的通用性、学科性质的一致性等特点，档案保护技术专业教育部门可以对这几个专业进行整合，着力培养档案馆、图书馆、博物馆等馆藏保护的通用性复合型人才，使他们毕业后进入档案、图书、文物、博物等专业领域实习或工作，以扩大档案保护技术专业毕业生的就业范围，加大其就业选择的机会。二是教学方

---

① 张美芳：《取长补短——中美图书档案保护技术比较》，《档案与建设》2009 年第 8 期，第 10 页。

法注重实用性。档案保护技术专业教学应注重理论联系实际，培养学生的实践技能。应多采用案例教学、实践教学等手段，通过课堂实验、模拟训练、自由讨论等多种方式，让学生在实际操作中领会和消化理论原理。为此，档案保护技术专业教育机构应适当增加实践课程的比例，并加大投入，配备专门的实验室和实验设施，或是联系图书馆、档案馆等部门，作为本专业的实习基地，以方便学生进行教学考察或是专业实习。

2. 加强档案保护技术人才的在职培训

相比专业教育而言，在职培训的培养目标更加明确，培训内容更具有针对性，因此起到的效果往往非常明显。根据我国《劳动法》的要求，西南地区各省级档案行政部门应当建立职业培训制度，结合档案自然灾害防治工作的实际需要，灵活采取多样的培训形式，对处在档案安全保护第一线的工作人员进行培训教育，以培养档案自然灾害防治的应用型专门人才。在培训过程中，应注重提高档案保护技术人员的自然灾害风险意识、防范意识和责任意识，对自然灾害预警系统的构建和使用、档案信息系统的日常维护和灾难恢复、受损档案的修复技术及设备使用等方面的技能进行重点培训。除采用专项课程培训学习的形式之外，还可以邀请档案、文物、图书等专业领域的保护技术专家开办讲座进行相关知识的讲解传授，或是组织相关在职人员进行实地考察学习。培训教学中要注意理论与实践相结合，学以致用，积累经验，开展各种自然灾害应急抢救模拟演练，切实提高档案工作人员抢救和保护受灾档案的能力。

结　语

当今世界，地球变异，生态恶化，导致自然灾害频发且破坏力逐渐加大，对于肩负维护历史真实面貌之重任的档案部门来说，自然灾害防治工作，任重而道远。我国由于地域辽阔、地理条件复杂、气候变化多样，加上人类对大自然的大肆掠夺，使得洪水、飓风、地震、滑坡、泥石流等自然灾害频发，档案部门更应加强管理，居安思危，积极应对可能发生的各种自然灾害，增强抵御风险的能力，最大限度保护国家档案文献安全。

本研究基于全国档案事业发展"十二五""十三五"规划中提出的"加强档案安全体系建设""档案安全高效化"的宏观背景以及当前人类生存环境日趋恶化、自然灾害频发、档案安全形势不容乐观的社会现实，在对我国档案自然灾害防治中存在的问题进行调查并对发达国家档案自然灾害防治经验进行总结分析的基础上，探索和总结我国档案自然灾害防治的总体思路，并按预防和预警、应急和抢救的逻辑思路系统构建我国档案自然灾害的防治机制。其中，预防和预警作为档案自然灾害"防"的阶段，属于档案灾害管理工作中的前端控制部分，其主要任务在于对自然灾害进行防范，其主要功能是防止或延迟灾害的发生、减轻档案自然灾害发生时所造成的损失、保障档案安全，其主要内容包括加强档案馆基础设施建设、推进档案数字化及异地备份工作、修订和完善档案自然灾害应急预案、构建档案自然灾害预警系统。应急和抢救作为档案自然灾害“治”的阶段，属于自然灾害发生后相关部门采取的行动措施，其主要目标在于最大限度减少自然灾害带来的破坏和影响、保护档案安全。档案自然灾害应急涉及应急组织体系的构建和应急保障措施的配备，受灾档案抢救则涉及对受灾档案的除尘去污、消毒灭菌、祛湿干燥、修裱加固、字迹恢复以及对档案信息系统的灾难恢复等。

在构建较为系统的档案自然灾害防治机制的同时，本文还突出强调重大自然灾害的防治不能只依靠档案馆自身的力量实行单一的治理机制，而必须构建以档案部门为主、突出应急联动和部门合作并动员社会力量参与救援的档案安全保护模式，以提高重大自然灾害的应对效果及效率。因为档案工作涉及各行各业，档案文献记载着人类的记忆，传承着人类的文明，对社会的发展进步起着重要的作用，档案自然灾害安全保护工作关乎全社会的利益，与全体社会成员息息相关，需要全社会力量的参与和协作。因而，档案自然灾害防治工作在坚持以政府部门为主导、以档案部门为主体、相关部门协调合作的同时，也要重视来自社会公众的力量，动员社会上的各种力量，共同做好自然灾害中的档案安全保护工作。

2013 年 4 月 20 日四川雅安发生 7 级地震，相关地区灾害损失严重。地震发生之后，政府应急迅速，救援行动快速有序，志愿者自发援助，灾民也积极开展互助自救，这反映出从汶川地震到雅安地震，中国的应急救援体系更趋成熟。然而，这次地震也反映出民间救援无序、救援力量有待整合、部门间协调需强化的问题。如何整合救援力量成为自然灾害应急中的一个非常具有研究价值的新课题，而这是本文中较少涉及、尚未进行深入研究的一个部分，只能留待将来的继续研究。此外，囿于能力和时间所限，本文所选取的调查对象有限，对一些偏远地区尤其是我自身所处的一些西部地区县级档案部门自然灾害防治实践的研究欠具体深入。然则这些地区档案资源珍贵富集却地质灾害频发，而档案部门的防灾能力又非常脆弱，实该列为本选题的研究重点之一。文中不能解决的遗憾唯有留待今后的继续关注与研究。

参考文献

[1] 郭莉珠:《档案保护技术学教程》，中国人民大学出版社 2008 年版。

[2] 金波:《档案保护技术学》，高等教育出版社 2000 年版。

[3] 罗茂斌:《档案保护技术学》，云南科技出版社 2001 年版。

[4] 国家档案局档案科学技术研究所:《档案保护技术实用手册》，中国档案出版社 1993 年版。

[5] 邓绍兴、陈智为:《档案管理学》，中国人民大学出版社 2000 年版。

[6] 冯惠玲、张辑哲:《档案学概论》，中国人民大学出版社 2001 年版。

[7] 吴晓红:《档案灾害学研究探索》，首都经济贸易大学出版社 2013 年版。

[8] 陈兆祦:《六十国档案工作概况》，中国档案出版社 1995 年版。

[9] 周耀林:《可移动文化遗产保护策略》，北京图书馆出版社 2006 年版。

[10] 王耀希:《民族文化遗产数字化》，人民出版社 2009 年版。

[11] 傅思明:《突发事件应对法与政府危机管理》，知识产权出版社 2008 年版。

[12] 周晓丽:《灾害性公共危机治理》，社会科学文献出版社 2008 年版。

[13] 张乃平、夏东海:《自然灾害应急管理》，中国经济出版社 2009 年版。

[14] 黄顺康:《公共危机管理与危机法制研究》，中国检察出版社 2006 年版。

[15] 訾强:《中国突发事件报告》，中国时代经济出版社 2009 年版。

[16] 姚国章:《日本灾害管理体系：研究与借鉴》，北京大学出版社 2009 年版。

[17] 张承志:《文物保藏学原理》，科学出版社 2010 年版。

[18] 陈颙、史培军:《自然灾害》，北京师范大学出版社 2007 年版。

[19] 潘懋、李铁锋:《灾害地质学》，北京大学出版社 2012 年版。

[20] 郭莉珠:《灾后档案的抢救》，《档案学通讯》2000 年第 1 期。

[21] 王良城:《自然灾害对档案的侵袭与应对策略》,《档案学通讯》2010 年第 3 期。

[22] 唐跃进:《数字档案信息存储与灾难恢复研究》,《档案学通讯》2011 年第 2 期。

[23] 周耀林，李姗姗:《基于 BPM 的档案容灾系统设计》，《档案学通讯》2011 年第 2 期。

[24] 吴晓红:《数字档案灾害初探》，《档案学通讯》2005 年第 3 期。

[25] 于海燕:《档案灾害预警机制研究》，《档案学通讯》2011 年第 3 期。

[26] 向立文、昌珍霞:《档案部门自然灾害管理机制研究》，《档案学通讯》2011 年第 5 期。

[27] 杨安莲:《国外档案机构应对突发事件的主要做法及其借鉴意义》，《档案学通讯》2009 年第 1 期。

[28] 安小米:《第 38 届国际档案理事会圆桌会议召开》，《档案学通讯》2006 年第 2 期。

[29] 张美芳、王良城:《档案安全保障体系建设研究》，《档案学研究》2010 年第 1 期。

[30] 王晖、樊肖祥等:《在突发事件中确保档案安全的对策》，《档案学研究》2009 年第 3 期。

[31] 向立文:《论档案馆应急预案体系的构建》，《档案学研究》2010 年第 3 期。

[32] 张艳欣:《我国档案应急预案体系建设：问题与优化》，《档案学研究》2015 年第 1 期。

[33] 向立文、宋可等:《档案部门应急预案管理研究》，《档案学通讯》2012 年第 5 期。

[34] 向立文、罗满玲:《档案馆自然灾害预防的几点思考》，《档案学研究》2011 年第 3 期。

[35] 孙洪鲁、黄丽华:《重大自然灾害后受损档案的抢救与预防技术》,《档案学研究》2010 年第 5 期。

[36] 肖文建、戚红岩:《重大自然灾害中档案文献保护研究现状及述评》,《档案学研究》2010 年第 5 期。

[37] 修中建:《档案工作安全体系建设重在夯实基础》,《档案学研究》2010 年第 6 期。

[38] 卞咸杰:《档案危机管理预警系统的构建》,《档案学研究》2008 年第 3 期。

[39] 迪莉亚:《从汶川大地震谈加强灾难档案研究的重要意义》,《档案学研究》2008 年第 4 期。

[40] 张迎春:《档案安全保障体系研究》,硕士学位论文徽大学,2011 年。

[41] 张永生:《档案信息系统灾难恢复研究》,硕士学位论文苏州大学,2009 年。

[42] 毛惠芳:《预警应急抢救——档案灾害管理体系的构建》,硕士学位论文安徽大学,2010 年。

[43] 戚红岩:《重大自然灾害中档案文献保护研究》,硕士学位论文湘潭大学,2011 年。

[44] 王晓燕:《论档案馆突发事件的应对》,硕士学位论文山东大学,2009 年。

[45] 丁宜:《档案异地备份研究》,硕士学位论文安徽大学,2013 年。

[46] 覃玮境:《档案自然灾害预防机制研究》,硕士学位论文湘潭大学,2015 年。

[47] 胡红霞:《档案馆自然灾害防治工作存在的问题分析》,《兰台世界》2012 年第 5 期。

[48] 王良城:《档案馆防治灾害工作指南》的编制及有关思考,《北京档案》2010 年第 7 期。

[49] 王良城、黄丽华等:《档案密集存储方式的发展与创新》,《中国档案》2011 年第 3 期。

[50] 王良城:《档案安全保障体系建设基本任务探析》,《中国档案》2010 年第 4 期。

[51] 王良城:《档案安全风险评估机制的建立与推行》,《中国档案》2011 年第 2 期。

[52] 卞咸杰:《汶川地震对档案馆建筑安全设计的启示》,《档案管理》2008 年第

5 期。

[53] 卞咸杰:《从突发事件谈档案信息安全预警机制的建立》,《档案时空》2007 年第 12 期。

[54] 卞咸杰:《论档案信息安全预警机制建立的原则》,《兰台世界》2007 年第 24 期。

[55] 张新:《灾害后的行动与反思——从北川档案抢救看档案防灾减灾体系建设》,《四川档案》2010 年第 3 期。

[56] 陈竞亚:《北川档案抢救工作的启示》,《中国档案》2008 年第 11 期。

[57] 马淑桂、陶琴:《档案馆灾害防治策略——以汶川地震灾区档案抢救为例》,《2009 年海峡两岸档案暨缩微学术交流会论文集》,2009 年版。

[58] 王娅姿:《由青海玉树地震引发的档案安全思考》,《中小企业管理与科技》2010 年第 7 期。

[59] 陈映明:《面对自然灾害如何做好档案安全防范工作——由“5·12”大地震想到的》,《档案》2009 年第 4 期。

[60] 袁可、喻宏贵、方秋生:《灾害受损档案抽样调查研究——以“5.12”北川地震受损档案为例》,《档案学通讯》2015 年第 3 期。

[61] 向立文、胡敏捷:《加强自然灾害档案管理的必要性及对策研究》,《兰台世界》2013 年第 2 期。

[62] 金晶、杨文旺:《山洪泥石流灾害基层应急管理的实践与启示——以普洱市江城县嘉禾乡“7·1”山洪泥石流灾害为例》,《湖北警官学院学报》2013 年第 3 期。

[63] 于月英:《由汶川大地震引发的档案安全思考》,《黑龙江档案》2010 年第 4 期。

[64] 程可军:《对档案灾害概念的阐释及思考》,《兰台世界》2011 年第 10 期。

[65] 吴晓红:《档案灾害定义探索》,《档案学通讯》2012 年第 6 期。

[66] 向立文、杨翠芹:《档案工作应急管理机制建立的探讨》,《档案时空》2012 年第 4 期。

[67] 吴加琪、周林兴:《档案部门灾害事件应急准备能力研究》,《浙江档案》2012 年第 6 期。

[68] 韩双:《重大自然灾害中档案危机管理的研究现状与分析》,《档案管理》2011

年第 4 期。

[69] 王玉琴、陈健:《浅谈档案管理过程中的灾害应急机制》,《兰台世界》2011 年第 6 期。

[70] 梁艳萍:《档案异地备份研究》,硕士学位论文郑州大学,2011 年。

[71] 赵亚婷:《1999 年—2010 年我国档案异地备份研究》,《档案管理》2011 年第 1 期。

[72] 赵亚婷:《我国档案异地备份保存探讨》,《档案管理》2010 年第 2 期。

[73] 张大彤:《从大地震看档案异地备份基地的建立》,《中国档案》2009 年第 5 期。

[74] 韩金昌:《对开展重要档案异地备份的认识》,《档案管理》2010 年第 5 期。

[75] 孙德飞:《数字档案馆的数据备份与容灾问题》,《电子政务》2005 年第 11 期。

[76] 魏伶俐:《构建国家档案信息灾难备份中心的设想》,《北京档案》2009 年第 7 期。

[77] 刘冰一:《实施档案异质异地备份的研究与思考》,《中国档案》2010 年第 12 期。

[78] 荣增鹏:《从自然灾害看档案异地备份保存问题》,《青海社会科学》2012 年第 4 期。

[79] 胡红霞:《西南地区县级综合档案馆档案异质异地备份工作调查分析》,《兰台世界》2015 年第 4 期。

[80] 刘琳琳:《关于档案信息系统应对灾害的思考》,《黑龙江档案》2011 年第 5 期。

[81] 王天泉:《灾区档案重建要科学规范——访国家档案局技术部主任、北川档案抢救工作专家组组长王良城》,《中国档案》2009 年第 5 期。

[82] 周耀林、刘婧:《档案馆建设标准》解读,《档案与建设》2009 年第 4 期。

[83] 蔡学美:《档案馆灾害防治研究》,《中国档案》2000 年第 11 期。

[84] 赵艳梅:《档案馆、图书馆应对灾害危机的预备及措施研究》,《兰台世界》2008 年第 22 期。

[85] 冯小庆、梁兵:《档案馆应对突发事件的思考》,《档案与建设》2008 年第 11 期。

[86] 苏曼莉:《论档案库房灾害防治趋向》,《陕西档案》2000 年第 3 期。

[87] 杨中华:《突发事件对档案的危害及应对策略》,《四川档案》2005 年第 2 期。

[88] 杨秀淼、李金英等:《突发重大自然灾害档案工作探究》,《中国档案》2008 年第 9 期。

[89] 侯怡敏:《论灾难预防对档案保护的重要性》,《兰台世界》2007 年第 6 期。

[90] 向立文:《档案数字化建设中若干问题的研究》, 硕士学位论文湘潭大学, 2004 年。

[91] 朱铮:《档案数字化研究》, 硕士学位论文苏州大学, 2006 年。

[92] 张丽梅:《馆藏档案数字化的技术策略探析》, 硕士学位论文黑龙江大学, 2009 年。

[93] 王佳敏:《基层档案管理数字化面临的问题及其对策》,《档案》2010 年第 5 期。

[94] 叶惠杰:《浅议规划与实施纸质档案数字化的重点、难点和对策》,《云南档案》2010 年第 8 期。

[95] 胡红霞:《西南地区县级综合档案馆馆藏档案数字化工作现状调查及对策分析》,《现代情报》2014 年第 10 期。

[96] 辛文、沙永胜:《兰台情结——桦甸市档案局在特大洪水到来时》,《中国档案》1995 年第 10 期。

[97] 国家档案局:《当档案面临天灾时——兼谈执法意识》,《中国档案》1995 年第 11 期。

[98] 宗研:《北京市和各区县档案局(馆)积极应对特大暴雨灾害》,《兰台世界》2012 年第 25 期。

[99] 杨冬权:《在全国档案安全体系建设工作会议上的讲话》,《档案学研究》2010 年第 3 期。

[100] 陈楠:《从甘肃舟曲特大山洪泥石流事件谈档案安全》,《兰台世界》2010 年第 24 期。

[101] 孙沁:《档案部门如何做好地震灾害预防工作》,《四川档案》2008 年第 5 期。

[102] 荆秀昆、方志华等:《档案馆地震灾害及预防对策》,《中国档案》2006 年第 7 期。

[103] 李蕙名:《档案馆地震灾害预防机制初探》,《山东档案》2008 年第 5 期。

[104] 刘乃雄:《地震灾害与档案工作的对策》,《档案天地》1996 年第 5 期。

[105] 杨振岐、马姗等:《谈档案馆地震灾害预防》,《中国档案》2006 年第 8 期。

[106] 王康生:《档案火灾的预防与抢救》,《陕西档案》2000 年第 4 期。

[107] 陈代荣、王定才等:《滑坡、沉陷、泥石流危害档案馆库实例分析及防治措施》,《四川档案》2001 年第 2 期。

[108] 朱家增:《谈谈被台风损坏档案的保护》,《浙江档案》1994 年第 11 期。

[109] 陈俊山:《项目档案的台风应急管理》,《中国档案》2011 年第 6 期。

[110] 潘伟喜:《雷电感应破坏不容忽视》,《中国档案》2003 年第 9 期。

[111] 李颖:《灾后受损档案的抢救和修复》,《云南档案》2013 年第 11 期。

[112] 荆秀昆:《水浸纸质档案抢救工作的几个问题》,《中国档案》2015 年第 8 期。

[113] 方志华:《莫高窟保护经验带给档案保护的有益启示》,《中国档案报》2010 年 11 月 1 日。

[114] 马小彬:《从汶川特大地震看西部地区档案馆库房建设》,《中国档案》2009 年第 6 期。

[115] 杨战捷:《档案馆选址:安全便民》,《中国档案报》2011 年 6 月 13 日。

[116] 刘祥麟:《档案库房沿革:从传统走向智能化》,硕士学位论文苏州大学,2008 年。

[117] 姜莉、彭春才:《地震灾区档案馆重建应注意的问题》,《中国档案》2009 年第 5 期。

[118] 翟兴运:《关于档案馆选址原则的几点看法》,《中国档案》1998 年第 6 期。

[119] 楼旦丰、杨彦鑫:《浅谈日本抗震建筑设计的要素》,《科协论坛》2011 年第 6 期。

[120] 张颜、孟莹等:《汶川与玉树地震后加强建筑物抗震的建议》,《黑龙江水利科技》2011 年第 5 期。

[121] 黄霄羽:《国外档案部门抗震救灾经验分析》,《中国档案》2008 年第 7 期。

[122] 张美芳:《取长补短——中美图书档案保护技术比较》,《档案与建设》2009 年第 8 期。

[123] 张美芳:《国际背景下的中国档案保护技术及其教育发展》,《档案管理》2008 年第 4 期。

[124] 张美芳:《档案馆危机预防评估研究与应用的国内外进展》,《北京档案》2012 年第 8 期。

[125] 李虹:《国际组织关于档案资源的防灾管理》,《档案时空》2008 年第 10 期。

[126] 李虹:《日本档案界的防灾对策》,《档案与建设》2008 年第 10 期。

[127] 李虹:《日本档案数字化建设进程分析》,《图书情报知识》2009 年第 6 期。

[128] 穆霁月:《日本档案数字化建设及对我国的启示》,硕士学位论文山东大学,2014 年。

[129] 邓欢:《地震之国的记忆传承——论日本震灾档案的管理》,《中国档案》2015 年第 12 期。

[130] 冯惠玲:《联系与协作的纽带,志向与力量的汇合——日本全国历史资料保存利用机关联络协议会介绍》,《档案学研究》1994 年第 2 期。

[131] 方新德:《美国档案馆的"应急计划"》,《档案工作》1992 年第 1 期。

[132] 李琦:《国内外档案信息灾害备份研究现状分析》,《城建档案》2011 年第 5 期。

[133] 刘转平:《中美档案灾难备份工作比较研究》,《档案管理》2012 年第 3 期。

[134] 宋冰梦译:《"第一保护者计划"——美国在飓风灾害中采取的档案应急管理措施》,《中国档案报》2012 年 8 月 30 日。

[135] 朱凤岚:《日本的突发灾害危机管理及其启示》,《华夏时报》2008 年 5 月 17 日。

[136] 周宝砚:《发达国家灾难治理基本经验及其启示:以英国、美国、日本为例》,《风险管理》2010 年第 4 期。

[137] 朱笛:《浅析日韩两国档案工作概况及其借鉴意义》,《行政事业资产与财务》2011 年第 10 期。

[138] 兰秀娟:《国内外自然灾害管理体制比较研究》,硕士学位论文兰州大学,2008 年。

[139] 刘雨亭:《中美加三国档案信息安全保障比较研究》,硕士学位论文郑州大学,2012 年。

[140] 高微:《构建我国突发事件应急预案的评价指标体系》,《商业经济》2008 年第 11 期。

[141] 刘铁民:《突发公共事件应急预案编制与管理》,《中国应急管理》2007 年第 1 期。

[142] 杨丽娟、姜景波:《档案部门制订突发事件应急预案的思考》,《兰台世界》2007 年第 7 期。

[143] 刘春波、韩晓颖:《从德国科隆城市档案馆坍塌谈档案数据异地备份》,《黑龙江档案》2009 年第 2 期。

[144] 国家档案局:《重要档案异地备份制度确保档案安全》,《中国档案报》2011 年 3 月 24 日。

[145] 刘毅:《灾害预警走"绿色通道"》,《人民日报》2011 年 7 月 31 日。

[146] 解华波:《档案保护技术领域研究的重大突破——DH-B 型恢复剂诞生》,《档案学通讯》1987 年第 6 期。

[147] 胡金玉:《汶川地震中受灾档案的保护与抢救及其启示》,《2011 年海峡两岸档案暨缩微学术交流会论文集》,2011 年版。

[148] 张志惠:《云南民族档案文献突发性自然灾害应急保护探析》,《云南档案》2015 年第 4 期。

[149] 于成志:《档案馆应急物资准备知多少》,《科技档案》2009 年第 2 期。

[150] 孙洪鲁,王宜欣:《"北川受损档案"抢救与修复技术》,《中国档案》2009 年第 5 期。

[151] 孙洪鲁:《科技创新:重大灾难受损档案抢救的技术支撑》,《2011 年海峡两岸档案暨缩微学术交流会论文集》2011 年版。

[152] 林伦菊:《浅谈国家重点档案抢救与保护的"最小干预原则"》,《四川档案》2008 年第 6 期。

[153] 马翀:《濒危档案文献遗产保护策略研究》,博士学位论文中国人民大学,2008 年。

[154] 仝艳峰:《云南少数民族档案文献遗产保护研究》,博士学位论文云南大学,

2011年。

[155] 黄广琴、颜川梅:《重新审视档案保护的研究》,《中国档案》2008年第1期。

[156] 国家档案局外事办公室:《档案馆灾害预防指南(之一)》,《中国档案》1999年第1期。

[157] 国家档案局外事办公室:《档案馆灾害预防指南(之四)》,《中国档案》1999年第4期。

[158] 洪凯、侯丹丹:《中国参与联合国国际减灾合作问题研究》,《东北亚论坛》2011年第3期。

[159] 宋秀琚:《美国国际合作理论研究综述》,《国外社会科学》2005年第3期。

[160] 李永祥:《什么是灾害?——灾害的人类学研究核心概念辨析》,《西南民族大学学报(人文社会科学版)》2011年第11期。

[161] 黄崇福:《自然灾害基本定义的探讨》,《自然灾害学报》2009年第5期。

[162] 史培军:《四论灾害系统研究的理论与实践》,《自然灾害学报》2005年第6期。

[163] 刘祯:《地球自然灾害发生原因初探》,《吉林地质》2001年第3期。

[164] 韩渭宾:《地震灾害基本特点及防震减灾对策的几点思考》,《四川地震》2004年第3期。

[165] 刘霞:《灾害频现谁之过》,《科技日报》2010年12月23日。

[166] 盛海洋:《我国自然灾害特征及其减灾对策》,《水土保持研究》2003年第4期。

[167] 姜朝松:《云南省地质灾害》,《灾害学》1990年第4期。

附　录

《我国档案自然灾害防治研究》调查问卷

尊敬的档案工作者：

您好！

感谢您愿意协助《我国档案自然灾害防治研究》课题组了解档案馆对自然灾害的防治现状。作为一个从事教学和研究的高校从业者，我们对档案的实践工作知之甚少，我们深知，只有全面、客观地了解现状，才能避免纸上谈兵，进而提出切实可行的解决方案。

本次调查的用途是科学研究，针对全国的55个市、县级档案馆，采用不记名形式，数据由计算机统一处理，完全不存在隐私问题。因此，恳请您放心、大胆地如实填写。感谢您的支持！

《我国档案自然灾害防治研究》课题组

2014年4月

1. 贵馆建成于 ________ 年。

2. 贵馆职工年龄构成：

类别	比例（百分比）
46-60 岁	
36-45 岁	
35 岁以下	
平均年龄	

3. 贵馆职工学历构成：

类别	比例（百分比）
硕士及以上学历的职工比例	
本科学历的职工比例	
专科学历的职工比例	
高中或职高学历职工比例	
其他	

4. 贵馆职工中，档案管理相关专业毕业的职工所占比例为 ______%。

5. 贵馆实体建筑的抗震强度为 ______ 级？

6. 贵（市）县历史上曾经发生的自然灾害有哪些？（不定项选择）（　　）

A. 地震　　B. 崩塌、滑坡、泥石流

C. 地面塌陷　　D. 洪水

E. 其他 ____（请填写）

贵馆采取的应对措施有 ________________（请填写，不够请填写在背面）

对贵馆造成的损失是 ________________（请填写，不够请填写在背面）

有何经验教训 ________________________（请填写，不够请填写在背面）

7. 你认为贵馆职工整体的防灾减灾意识如何？（　　）

A. 很强　　B. 一般　　C. 较弱

8. 你认为贵馆在自然灾害防治方面哪个方面做得最好？（　　）

A. 思想意识方面　　B. 软硬件建设方面　　C. 制度建设方面

D. 其他 ________________________________（请填写）

9. 你认为贵馆在自然灾害防治方面哪个方面最薄弱？（　　）

A. 思想意识方面　　B. 硬件建设方面

C. 制度建设方面　　D. 素质能力方面

E. 其他 ________________________________（请填写）

10. 贵馆负责档案保护的专人有几个？（　　）

A.0　　B.1　　C.2　　D.3 人及以上

11. 贵馆在建设选址时考虑的首要因素是哪一个？（　　）

A. 无特别理由，在旧馆处新建　　B. 交通便利

C. 此处可规避自然灾害　　D. 无其他用地可选

12. 贵馆目前使用的档案柜架主要有哪些？（不定项选择）（　　）

A. 封闭式箱柜　　B. 单柱或双柱固定架

C. 手动密集架　　D. 电动密集架

E. 其他 ________________________________（请填写）

13. 贵馆目前所使用的档案柜架的材质主要为（　　）

A. 木质　　B. 金属

14. 贵馆配备了哪些消防设备？（不定项选择）（　　）

A. 火灾自动报警设备　　B. 气体灭火系统

C. 喷淋灭火系统　　D. 防火门和防火阀

E. 其他 ________________________________（请填写）

15. 贵馆有没有进行耐火等级设计？（　　）

A. 有　　B. 没有

16. 贵馆有没有进行防雷设计？（　　）

A. 有　　B. 没有

17. 贵馆和当地消防部门有没有定期联系？（　　）

A. 有　　B. 没有

18. 贵馆有没有成立专门的灾害应急小组？（　　）

A. 有　　B. 没有

19. 贵馆有没有设立灾害应急专项工作经费？（　　）

A. 有　　B. 没有

20. 贵馆有没有编制自然灾害应急预案？（　　）

A. 有　　B. 没有

21. 贵馆有没有签订档案异质异地备份协议？（　　）

A. 有　　B. 没有（请转至第 25 题）

22. 贵馆有没有把档案异地备份到其他档案馆？（　　）

A. 有　　B. 没有

23. 贵馆进行异地备份的场所距离本馆多远？（　　）

A.100 公里以内　　B.100—200 公里左右

C.200-300 公里左右　　D.300 公里以上

24. 贵馆进行异地备份的场所与本馆是否处于同一江河流域？（　　）

A. 是　　B. 否

25. 贵馆进行异地备份的场所与本馆是否属于同一电网？（　　）

A. 是　　B. 否

26. 贵馆进行异地备份的场所与本馆是否处于同一地震带？（　　）

A. 是　　B. 否

27. 贵馆有没有对员工进行过防灾减灾专业培训？（　　）

A. 有　　B. 没有

28. 你认为有没有必要对馆员进行防灾减灾培训并进行考核？（　　）

A. 有必要　　B. 没有必要

29. 贵馆编制的应急预案包含了哪几大部分的内容？（请至少写出一级标题，当然越详细越好）

30. 贵馆主要针对哪些档案进行数字化工作？目前已进行到什么程度？

31. 贵馆在档案数字化工作中主要存在哪些困难？

32. 贵馆在档案异地备份工作中主要存在哪些困难？

33. 针对目前基层档案馆在档案灾害防治方面所做的工作，您的总体评价是什么？对上级档案行政主管部门有何建议？

访问到此结束，再次感谢您为课题组所做的一切！

责任编辑：冯　瑶

图书在版编目（CIP）数据

我国档案自然灾害防治机制研究 / 胡红霞 著 . — 北京：人民出版社，2016.12
ISBN 978 – 7 – 01 – 017192 – 0

I. ①我…　II. ①胡…　III. ①档案保护 – 自然灾害 – 灾害防治 – 中国　IV. ① G273.3

中国版本图书馆 CIP 数据核字（2016）第 303920 号

我国档案自然灾害防治机制研究

WOGUO DANGAN ZIRAN ZAIHAI FANGZHI JIZHI YANJIU

胡红霞 著

人民出版社 出版发行
（100706　北京市东城区隆福寺街 99 号）

北京汇林印务有限公司印刷　新华书店经销

2016 年 12 月第 1 版　2016 年 12 月北京第 1 次印刷
开本：710 毫米 ×1000 毫米 1/16　印张：12.25
字数：170 千字

ISBN 978 – 7 – 01 – 017192 – 0　定价：36.00 元

邮购地址 100706　北京市东城区隆福寺街 99 号
人民东方图书销售中心　电话：（010）65250042　65289539